कैसे पायें एमबीए में एडमिशन

लेखक
डॉ. सुमन कुमारी

प्रभाकर प्रकाशन

ISBN: 978-93-89851-77-9
eISBN: 978-93-89851-74-8

प्रकाशक: प्रभाकर प्रकाशन
प्लॉट नं.-55, मेन मदर डेयरी रोड
पांडव नगर, ईस्ट दिल्ली-110092
फोन: 011-40395855

ई मेल: sales@pharosbooks.in
वेबसाइट: www.prabhakarprakashan.com

प्रथम संस्करण: 2020
पुनर्मुद्रण: 2022

मुद्रक: सुषमा बुक बाइंडिंग हाउस ओखला इंडस्ट्रियल
एरिया फेस-II, नई दिल्ली-110020

कैसे पायें एमबीए में एडमिशन

लेखक: डॉ. सुमन कुमारी

प्रस्तावना

आकस्मिक आपदाएं मनुष्य को सिर्फ बेबस या लाचार ही नहीं बनाती हैं बल्कि उन्हें संघर्ष के आत्यन्तिक क्षणों में कुछ बेहतर कर गुजरने की प्रेरणा भी देती हैं। मनुष्य की जिजीविषा उसे इस प्रेरणा को बड़ी बारीकी से समझने, आगे बढ़ने तथा तात्कालिक परिस्थितियों के लिए कुछ ऐसे उपाय करने की राह दिखाती है जिसमें सम्पूर्ण मानव जाति की कल्याण की भावना छिपी हो। आजकल के सामाजिक परिदृश्य को ही देख लें, कोरोना महामारी ने बड़ी शांति से भारत को आत्मनिर्भरता की ओर बढ़ने का संकेत दिया है। वैश्विक परिस्थितियों को देखते हुए अगर भारत आत्मनिर्भरता पर जोर दे और इस दिशा में सशक्त कदम उठाये तो निःसंदेह कई जरूरी सामानों के लिए अन्य देशों पर अपनी निर्भरता को कम करने के साथ-साथ भारतीय युवाओं के विदेश पलायन की घटना को सीमित कर उन्हें अपने ही देश में समृद्धि के साथ गौरवपूर्ण जीवन जीने की राह दिखा सकता है।

आत्म निर्भरता के लिए सबसे आवश्यक कड़ी है कौशल विकास (स्किल डेवेलपमेंट)। हर व्यक्ति की प्रतिभाएं अलग-अलग होती हैं और यह भी सही है कि हर व्यक्ति में कोई न कोई प्रतिभा अवश्य बीज रूप में सुप्त होती है। कुछ लोग अपनी उस प्रतिभा को समझकर निखारते हैं और जीवन में सफल और कामयाब बनकर स्वयं के साथ-साथ समाज और देश के उत्थान में सहयोगी होते हैं। इसलिए अपने अन्दर के कौशल को पहचानना, उसे निखारना और अंततः उसे अपने विकास का सबसे बड़ा हथियार बनाना एक जरूरी कदम है और इस दिशा में युवाओं को सोचने की जरूरत है।

रोटी, कपड़ा और मकान जैसे मौलिक आवश्यक्ताओं की पूर्ति के सन्दर्भ में ही आजीविका और आधुनिक सन्दर्भ में कहें तो करियर की बात आती है। आमतौर पर हम जिस समाज में जी रहे हैं, वहां जीवन में सफलता के मायने को करियर में सफलता से जोड़कर देखा जाता है, विशेषकर युवाओं के जीवन को। बचपन से ही समाज, घर, परिवार आदि द्वारा पूछे गए सवाल कि आगे जीवन में क्या करना है? कहाँ जाना है? अपनी घर गृहस्थी को किस तरह से सुखी बनाओगे, आदि जैसे अनेकों सवाल युवावस्था में हमें कहीं न कहीं अपने आप को आर्थिक समृद्धि की ओर कदम बढ़ाने

को प्रेरित करते हैं। उस समय युवा सामाजिक परिदृश्यों के अनुरूप अपने करियर का चुनाव करने तथा उसमें सफलता पाने का भरपूर प्रयास करते हैं।

आर्थिक समृद्धि के इस प्रयास में ही पिछले कुछ दशकों में युवाओं का रुझान मैनेजमेंट कोर्स की तरफ बहुत ज्यादा हुआ है। भूमंडलीकरण और वैश्वीकरण के कारण बड़ी-बड़ी मल्टीनेशनल कम्पनियों का भारत जैसे देश में आगमन एवं युवाओं को विदेशों में काम करने के सुनहरे अवसर ने मैनेजमेंट कोर्स की तरफ युवाओं के रुझान को और अधिक बढ़ा दिया है।

निम्न मध्यमवर्गीय, मध्यमवर्गीय, उच्च मध्यमवर्गीय तथा उच्च वर्ग इन सभी वर्गों के युवाओं का रुझान दिनोदिन मैनेजमेंट के प्रति बढ़ता जा रहा है। इसकी विशेष वजह यह है कि यह कोर्स युवाओं को अच्छी नौकरी के साथ-साथ एक एंटरप्रेन्योर बनने तथा खुद का व्यवसाय करने आदि के लिए आवश्यक स्किल्स (कौशल) का विकास करने का मौका देता है। लेकिन मैनेजमेंट कोर्स विशेषतः एमबीए के विषय में पर्याप्त जानकारी के अभाव में अधिकतर छात्र या युवा मैनेजमेंट करने के अपने सपने को साकार नहीं कर पाते। ग्रेजुएशन या 12वीं पास करने के बाद वे अपने सीनियर्स या नेट से जानकारी प्राप्त करने की कोशिश करते हैं। इसके लिए उन्हें बहुत अधिक मेहनत करनी पड़ती है और कभी-कभी सीनियर्स से बात करने तथा नेट पर सर्च करने के बावजूद भी सही और सटीक जानकारी नहीं प्राप्त कर पाते और उहापोह की स्थिति में रहते हैं। ऐसे में अगर छात्रों को एक ऐसा संकलन मिल जाए जिसमें एमबीए में एडमिशन कैसे मिल सकता है, इससे जुड़े समस्त पहलुओं का वर्णन हो, तो संभवतः उनका एमबीए करने का सपना साकार हो जाए और एमबीए करने की राह थोड़ी आसान हो जाएगी। इस बात को पूरी तरह ध्यान में रखते हुए इस पुस्तक को लिखने का प्रयास किया गया है।

एमबीए में एडमिशन लेने से पहले छात्रों के सामने किस तरह की कठिनाइयाँ आती हैं, उनके मन में किस तरह के सवाल उत्पन्न होते हैं? सही कॉलेज कौन सा रहेगा? किस परीक्षा के जरिये बेहतर कॉलेज या इंस्टीट्यूट में एडमिशन मिल सकता है? एंट्रेंस एग्जाम क्वालीफाई करने के लिए कोचिंग संस्थान की मदद लेनी हो तो कौन से संस्थान से कोचिंग करना सही रहेगा? अगर कोचिंग करना संभव न हो, तो फिर कैसे किया जा सकता है एमबीए? आर्थिक मजबूरीवश अगर नौकरी कर रहें हैं और करियर में उन्नति के लिए एमबीए करना चाहते हैं, तो कौन सा रास्ता चुनें? एंट्रेंस एग्जाम को क्वालीफाई करने तथा अच्छे कॉलेज में चयन के बावजूद आर्थिक अभाव में एमबीए कर सकने में सक्षम न हों तो किस प्रकार बैंकों की लोन की मदद से अपनी पढ़ाई

पूरी कर सकते हैं? आदि ऐसे तमाम सवाल हैं जिनका उत्तर सरल और हिंदी अंग्रेजी मिश्रित भाषा (हिंग्लिश) में देने का प्रयास इस पुस्तक में किया गया है।

इसके सम्पूर्ण विषय वस्तु को कुल आठ शीर्षकों के अंतर्गत वर्णित किया गया है। वे शीर्षक हैं-

1. एमबीए में एडमिशन अब सपना नहीं हकीकत, बस जाने कुछ जरूरी बातें
2. एमबीए करने से पहले बीबीए करने का निर्णय, एक सही कदम
3. एमबीए एंट्रेंस एग्जाम्स की तैयारी कराने वाले कुछ महत्त्वपूर्ण कोचिंग संस्थान
4. कैट एग्जाम : विस्तृत जानकारी
5. एजुकेशन लोन से सम्बंधित सम्पूर्ण जानकारी
6. कुछ प्रमुख बैंको द्वारा दिए जाने वाले एजुकेशन लोन और उनकी पॉलिसी
7. एमबीए से जुड़े कुछ अन्य महत्त्वपूर्ण तथ्य
8. आखिर क्यों बढ़ती जा रही है एमबीए की मांग?

इन शीर्षकों के अंतर्गत कुछ उपशीर्षकों के रूप में एमबीए से जुड़े लगभग सभी व्यापक पहलुओं का वर्णन इस पुस्तक में किया गया है ताकि छात्रों के मन में किसी प्रकार का संदेह न रह जाये तथा वे अपनी योग्यता, क्षमता एवं आर्थिक स्थितियों के अनुरूप मैनेजमेंट से जुड़े किसी भी कोर्स का चयन कर अपने सपने को साकार करने की दिशा में एक सार्थक, सशक्त और सफल कदम बढ़ाने का प्रयत्न करें।

छात्रों के उज्ज्वल भविष्य और सुखमय जीवन की कामना के साथ हार्दिक शुभकामनायें।

॥ विषय-सूची ॥

एमबीए में एडमिशन सपना नहीं हकीकत, बस जाने कुछ जरूरी बात

बचपन में बच्चे जब स्कूल जाना शुरू करते हैं तभी से उनसे लोग अक्सर यह पूछने लगते हैं कि बड़े होकर आप क्या बनना चाहते हैं या क्या बनेंगे। हर बच्चे का अपनी प्रवृति और जानकारी के अनुसार कुछ अलग जवाब होता है। आगे चलकर कुछ अपने सपने को साकार करने में सक्षम भी हो जाते हैं लेकिन कुछ ऐसे भी लोग हमें मिलते हैं जिन्हें इस बात की शिकायत और दुःख होता है कि ईमानदारी के साथ मेहनत करने के बावजूद भी मै अपने मनचाहे मुकाम को हासिल नहीं कर पाया। पढाई लिखाई समाप्त कर प्रयासवश अगर कोई अच्छी नौकरी मिल भी जाए तो उसमें निरंतर आगे बढ़ना, सामने आई चुनौतियों का सामना बिना किसी परेशानी के बेहिचक स्वाभाविक रूप से करना आदि कार्यों में अक्षमता के कारण लोग दिनों दिन निराशावादी दृष्टिकोण के शिकार होते जा रहे हैं।

पहले लोगों की यह आम धारणा थी कि सरकारी नौकरी का कोई जवाब नहीं और उसमें काम का प्रेशर कम होने के साथ साथ सुरक्षा की भावना भी होती है। इस कारण अधिसंख्यक लोगों द्वारा सरकारी नौकरी पाने का प्रयास किया जाता था। लेकिन बढ़ती जनसंख्या और रिजर्वेशन के कारण सभी लोगों को ये अवसर उपलब्ध नहीं हो पाता। जिन्दगी बसर करने तथा रोजी रोटी की तलाश के कारण लोग को निजी क्षेत्रों में काम करने के लिए विवश होते हैं। लेकिन आज के परिप्रेक्ष्य से निजी क्षेत्रों में काम करने को कुछ हद तक विवशता नहीं कहा जा सकता।

भूमण्डलीकरण और मल्टीनेशनल कम्पनियों के बढ़ते प्रचार-प्रसार ने एक चकाचौंध भरी, हाई-फाई स्टाइल में अच्छे वेतन के साथ काम करने का एक अवसर लोगों को प्रदान किया है। अपनी प्रतिभा और मेहनत के बल पर लोग कुछ ही दिनों में न सिर्फ किसी अच्छे पद पर पहुँच जाते हैं बल्कि हाई पैकेज का भी लाभ उठाते हैं।

अब जब बात बड़े पद, बड़े ओहदे और अधिक पैसों की आती है, तो उसके लिए एक निर्धारित योग्यता का होना भी जरूरी है और वह योग्यता आती है, 'शिक्षा तथा अनुभव से' इसी योग्यता के विकास के क्रम में विभिन्न तकनीकी और व्यावसायिक

पाठ्यक्रमों का चलन हुआ। सरकारी तथा गैर-सरकारी सभी संस्थाओं ने इस तरह के पाठ्यक्रमों को पढ़ाना शुरू किया क्योंकि इनकी अधिक मांग थी और विद्यार्थियों के झुकाव को देखते हुए उन्हें ऐसा लगा कि इनसे उनका व्यवसाय निरंतर फलता-फूलता रहेगा। आज की तारीख में आपको प्रोफेशनल कोर्स कराने वाली संस्थाएं मधुमक्खी के छत्ते की तरह फैली हुई हैं।

छात्र दसवीं तथा बारहवीं की पढ़ाई के तुरंत बाद योग्यतानुसार अच्छे से अच्छे कॉलेज या इंस्टीट्यूट में एडमिशन लेकर अपनी पढ़ाई पूरी करते हैं। कुछ छात्र प्लेसमेंट के जरिये चयनित हो जाते हैं जबकि कुछ को स्वयं मार्केट में जाकर इन्टरव्यू के जरिये अपने लिए एक नौकरी ढूढ़नी पड़ती है।

इन्टरव्यू से लेकर जॉब मिल जाने, जॉब करने, जॉब में प्रोमोशन तथा प्रोफेशनल जगत में निरंतर प्रगति के लिए छोटी-छोटी बातों पर ध्यान देना अति आवश्यक होता है। लेकिन इन छोटी बातों पर गौर न करते हुए लोग बस अथक परिश्रम करते हुए भीड़ का हिस्सा बनकर उसी के साथ भागते चलते हैं। भागते भागते कभी-कभी संयोगवश अच्छे अवसर मिल भी जाते हैं लेकिन ये अवसर सभी को नहीं मिलते और यही कारण है कि आज अधिकतर प्रोफेशनल या नौकरी की तलाश करने वाले लोग दुखी और असंतुष्ट दिखाई देते हैं।

मुझे ऐसा लगता है कि अगर छात्र दसवीं-बारहवीं या ग्रेजुएशन के बाद से ही क्रमिक रूप से विभिन्न बिन्दुओं पर गौर से विचार करते हुए अपने जीवन में आगे बढ़ने की कोशिश करें तो उन्हें अवश्य सफलता मिलेगी। जैसे सबसे पहला प्रश्न यह आता है कि छात्र प्रोफेशनल जगत में सफलता तथा एक कामयाब व्यावसायिक जिन्दगी के लिए किस कोर्स तथा किस कॉलेज का चयन करें? आज कल टेक्नीकल तथा प्रोफेशनल फिल्ड में दो कोर्सेज इंजीनियरिंग तथा मास्टर ऑफ बिजनेस एडमिनिस्ट्रेशन की तरफ आज की युवा पीढ़ी बहुत ज्यादा आकर्षित हो रही है। अतः जो छात्र एमबीए करके अपने जीवन में एक कामयाब बिजनेसमैन, इंटरप्रेन्योर या प्रोफेशनल बनना चाहते हैं उनके लिए कुछ ऐसे जरूरी टिप्स जिनको अमल में लाने पर भ्रम की गुंजाइश नहीं रह जाएगी तथा सफलता की राह आसान हो जाएगी का वर्णन टॉपिक वाइज नीचे देने का प्रयास किया गया है-

छात्रों के मन में एक अहम् सवाल उठता है कि ग्रेजुएशन के बाद एमबीए करना चाहिए या यदि एमबीए करने की इच्छा हो तो एमबीए से पहले बीबीए करना चाहिए। वैसे एमबीए के लिए बीबीए करना अनिवार्य नहीं है लेकिन अगर एमबीए करने से पहले बीबीए किया जाये तो उसके कुछ महत्त्वपूर्ण फायदे तो हैं ही इसमें कोई दो राय नहीं है।

एमबीए करने से पहले बीबीए करने का निर्णय एक सही कदम

पिछले दशक से व्यावसायिक जगत में सफल होने के लिए एमबीए की डिग्री आज की एक अनिवार्य आवश्यकता-सी बन गयी है। अच्छी सैलरी, आकर्षक जॉब प्रोफाइल, करियर में विकास के बहुत सारे अवसर आदि के कारण एमबीए कोर्स की मांग छात्रों के बीच अन्य कोर्सेज की तुलना में बहुत ज्यादा है।

एमबीए एक पोस्ट ग्रेजुएट प्रोग्राम है, जिसे ग्रेजुएशन की डिग्री के बाद किया जाता है। वैसे तो किसी भी विषय में ग्रेजुएशन करने के बाद एमबीए में एडमिशन लिया जा सकता है लेकिन बीबीए करने के बाद एमबीए करना हमेशा बहुत अधिक फायदेमंद रहता है। बिजनेस मैनेजमेंट के लिए बीबीए एक ग्रेजुएशन लेवल का एकेडमिक प्रोग्राम है। मैनेजमेंट के क्षेत्र में करियर बनाने का संकल्प करने वाले छात्र बीबीए में एडमिशन लेते हैं। बीबीए कोर्स करने से मैनेजमेंट के क्षेत्र में एक आकर्षक करियर के शुरुआत के विषय में सोचा जा सकता। बीबीए करने के बाद एमबीए करने में बहुत आसानी होती है तथा मैनेजमेंट के मौलिक तथ्यों की सही जानकारी हो जाती है। अत: बीबीए करने का निर्णय एक सही निर्णय साबित हो सकता है।

1. एमबीए करने के लिए एक उपयुक्त आधार का मिलना

मैनेजमेंट का क्षेत्र अन्य शैक्षणिक क्षेत्र से बहुत अलग है, इसलिए इसके लिए एक ठोस नींव की आवश्यकता होती है ताकि इससे जुड़े मौलिक बातों को आसानी से समझा जा सके। मैनेजमेंट के सिद्धांतों तथा बिजनेस एडमिनिस्ट्रेशन की मौलिक बातें आगे चलकर मैनेजमेंट के जटिल और कठिन अवधारणाओं को समझने में बहुत मददगार साबित होती हैं। भारत के सभी श्रेष्ठ कॉलेज जहाँ बीबीए का कोर्स उपलब्ध है, मैनेजमेंट के कॉन्सेप्ट तथा उसके मौलिक अवधारणाओं को ध्यान में रखते हुए ही बीबीए का सिलेबस तैयार किया जाता है। इससे आगे चलकर एमबीए करते समय मैनेजमेंट की अवधारणाओं एवं तथ्यों को समझने में किसी तरह की परेशानी नहीं होती है तथा भविष्य में व्यावहारिक स्तर पर भी इसका बहुत अधिक लाभ होता है।

2. मार्केट में डिमांड के अनुकूल कोर्स करिकुलम

जैसा कि ऊपर बताया गया है कि जब मैनेजमेंट छात्रों के लिए अगले चरण यानी एमबीए की डिग्री के लिए तैयार होने की बात आती है तो भारत में बीबीए कॉलेजों की भूमिका बहुत महत्त्वपूर्ण हो जाती है। ये कॉलेज मैनेजमेंट ग्रेजुएट छात्रों की जरूरतों के अनुरूप अधिक शैक्षिक कार्यक्रम विकसित करने के लिए बहुत समय, पैसा और एफर्ट लगाते हैं। बीबीए कोर्स का सिलेबस मैनेजमेंट की अवधारणाओं और सिद्धांतों को पूरी तरह से छात्रों को समझाने के लिए आवश्यक सैद्धांतिक और व्यावहारिक स्किल्स के बीच एक बेहतर तालमेल बैठाते हुए स्थानीय बाजार (भारत केंद्रित) के साथ-साथ वैश्विक स्तर पर मौजूदा बाजार के रुझानों को ध्यान में रखते हुए तैयार किया जाता है। इससे उन्हें अपने बीबीए प्रोग्राम्स को संशोधित करने में मदद मिलती है ताकि वे प्रजेंट समय के लिए अधिक अनुकूल हो सकें तथा साथ ही भविष्य के लिए एक बहुत ही मजबूत नींव रख सकें।

3. एमबीए स्पेशलाइजेशन सब्जेक्ट्स की सही समझ प्रदान करते हैं

एमबीए उम्मीदवारों के लिए सबसे बड़ी चुनौतियों में से एक है मास्टर डिग्री लेवल पर किसी भी मैनेजमेंट विषय में स्पेशलाइजेशन करना। ऐसे छात्र जिन्होंने बीबीए नहीं किया है, मार्केट या कॉलेज में उपलब्ध स्पेशलाइजेशन में से किसी एक का चुनाव करते समय दुविधा की स्थिति में आ जाते हैं। मैनेजमेंट कॉन्सेप्ट की पूर्व समझ के बिना, एमबीए के छात्रों ने जिन्होंने बीबीए नहीं किया है, अक्सर बाजार के रुझानों के आधार पर अपने लिए गलत स्पेशलाइजेशन का चुनाव कर बैठते हैं। लेकिन जब बाद में सीरियस स्टडी की बात आती है तब जाकर कई मैनेजमेंट छात्रों को यह पता चल पाता है कि वास्तव में इस सब्जेक्ट या स्पेशलाइजेशन में उनकी रूचि या इच्छा नहीं थी वे तो कुछ और ही करना चाहते थे। वहीं दूसरी तरफ, जिन छात्रों ने बीबीए किया है, वे विभिन्न एमबीए स्पेशलाइजेशन की अधिक समझ रखते हैं और इससे आगे चलकर स्टडी करते समय उन्हें किसी तरह की परेशानी नहीं होती है।

4. कॉर्पोरेट जगत में एंट्री का पहला चरण

मैनेजमेंट एजुकेशन को कॉर्पोरेट और बिजनेस वर्ल्ड में किसी भी छात्र के पहले चरण के रूप में देखा जाता है। ऐसा कहा जा रहा है कि बीबीए मैनेजमेंट साइंस के क्षेत्र में एक प्रारंभिक शैक्षिक कार्यक्रम है, यह बिजनेस वर्ल्ड के विषय में एक व्यापक दृष्टिकोण की पेशकश करता है। यह छात्रों को बिजनेस एथिक्स, कॉर्पोरेट प्रिंसिपल और भारत के अतिरिक्त ग्लोबल लेबल पर बिजनेस करने के लिए जरूरी स्किल्स तथा

इसके प्रिंसिपल्स की सम्पूर्ण जानकारी हासिल करने में बहुत मददगार साबित होता है। छात्रों को उनके बीबीए कोर्स सिलेबस के हिस्से के रूप में बिजनेस एडमिनिस्ट्रेशन और कॉर्पोरेट मैनेजमेंट की व्यावहारिक दुनिया की समस्याओं को सरलता से समझाने का प्रयास किया जाता है। इस दौरान मैनेजमेंट में हायर एजुकेशन की पढ़ाई करने वाले छात्रों के लिए एक बैकग्राउंड तैयार किया जाता है।

5. मैनेजमेंट के विषयों का पूर्व अनुभव

ये ऊपर पहले ही बताया जा चुका है कि बीबीए कॉलेज मैनेजमेंट ग्रेजुएट छात्रों की जरूरतों के अनुरूप एजुकेशनल प्रोग्राम विकसित करने के लिए बहुत समय, पैसा और एफर्ट लगाते हैं। बीबीए कोर्स का सिलेबस मैनेजमेंट की अवधारणाओं और सिद्धांतों को पूरी तरह से छात्रों को समझाने के लिए आवश्यक सैद्धांतिक और व्यावहारिक स्किल्स के बीच एक बेहतर तालमेल बैठाते हुए स्थानीय बाजार (भारत केंद्रित) के साथ-साथ वैश्विक स्तर पर मौजूदा बाजार के रुझानों को ध्यान में रखते हुए ही तैयार किया जाता है। लगभग सभी बीबीए प्रोग्राम्स में इंटर्नशिप उनके 3 साल के कार्यक्रम के अनिवार्य घटक के रूप में होती हैं। इसलिए बीबीए कोर्स मैनेजमेंट उम्मीदवारों को एमबीए प्रोग्राम्स की आगामी चुनौतियों से निबटने में सक्षम बनाती हैं। इसके अतिरिक्त बीबीए छात्रों के लिए विभिन्न स्तरों पर प्रवेश स्तर की नौकरियों और इंटर्नशिप की तलाश करने के लिए एक अच्छा बेस प्रदान करता है।

अत: निष्कर्षत: हम कह सकते हैं कि बीबीए, एमबीए में एडमिशन लेने वाले छात्रों तथा मैनेजमेंट के छात्रों के लिए कॉर्पोरेट वर्ल्ड तथा बिजनेस वर्ल्ड में प्रवेश करने का प्रथम चरण होता है। इससे छात्र एमबीए के लिए आवश्यक नॉलेज, एक्सपीरिएंस और स्किल्स हासिल करते हैं। विभिन्न बी-स्कूलों द्वारा निर्धारित बैलेंस्ड सिलेबस तथा यूनिक टीचिंग मेथड यह सुनिश्चित करता है कि बीबीए-एमबीए उम्मीदवारों के लिए एक सही कदम है।

अत: अगर बीबीए किया जाये तो बहुत अच्छा है अगर नहीं कर पाए तो भी चिंता वाली कोई बात नहीं। ग्रेजुएशन के बाद एमबीए करें और कुछ विशेष बातों पर ध्यान दें।

इसके लिए सबसे पहले कुछ टॉप एमबीए एंट्रेंस एग्जाम्स (प्रवेश परीक्षाओं) को पास करने का लक्ष्य बनायें।

भारत में हर साल अक्टूबर से जनवरी तक का समय एमबीए एंट्रेंस एग्जाम्स के लिए निर्धारित है। इसलिए भारत के विभिन्न एमबीए एंट्रेंस एग्जाम्स के पैटर्न के बारे में महत्त्वपूर्ण जानकारी हासिल करना मैनेजमेंट करने के इच्छुक छात्रों के लिए बहुत जरूरी है।

दुनिया के अन्य देशों की तरह ही हमारे देश में भी प्रत्येक एमबीए एंट्रेंस एग्जाम्स का अपना एक अलग सिलेबस तथा पैटर्न होता है। इसलिए छात्र को प्रत्येक एमबीए एंट्रेंस एग्जाम्स के अपडेटेड पैटर्न की पूरी जानकारी होनी ही चाहिए। छात्र को अगर एमबीए एंट्रेंस एग्जाम पैटर्न और सिलेबस की सटीक और पूरी जानकारी होगी तो वे अपडेटेड करिकुलम के मुताबिक अच्छी तैयारी करके एंट्रेंस एग्जाम में सफलता हासिल करने में सक्षम हो सकते हैं। इसलिए छात्रों की सहायता के लिए भारत के टॉप 8 एमबीए एंट्रेंस एग्जाम की जानकारी देने की कोशिश नीचे की गयी है-

कैट (CAT) कॉमन एंट्रेंस टेस्ट

कैट को अक्सर एमबीए एंट्रेंस एग्जाम का 'होली ग्रेल' कहा जाता है। इसे अक्टूबर या नवंबर के महीने में आयोजित किया जाता है। कैट एग्जाम के माध्यम से विद्यार्थी इंडियन इंस्टीट्यूट ऑफ मैनेजमेंट (IIMs) में सभी पोस्ट ग्रेजुएट मैनेजमेंट प्रोग्राम में एडमिशन लेने में सक्षम होते हैं। इसके अलावा, कई टॉप मैनेजमेंट इंस्टीट्यूट्स भी अपने यहां एडमिशन देने के लिए कैट स्कोर को ही स्वीकार करते हैं। यही कारण है कि इस एग्जाम को बहुत अधिक महत्त्व दिया जाता है।

परीक्षा पद्धतिः कैट एग्जाम में वर्बल एबिलिटी तथा रीडिंग कम्प्रिहेंशन, डाटा इंटरप्रिटेशन, लॉजिकल रीजनिंग और क्वांटिटेटिव एबिलिटी सहित कुल मिलाकर 3 सेक्शन होते हैं। इस एग्जाम में कुल 100 प्रश्न पूछे जाते हैं और प्रत्येक सही उत्तर के लिए 3 अंक दिए जाते हैं।

जैट (XAT)- जेवियर एडमिशन टेस्ट

एक्सएलआरआई (XLRI) द्वारा आयोजित, जैट भारत के सबसे पुराने मैनेजमेंट एंट्रेंस एग्जाम्स में से एक है। XLRI हर साल जनवरी में भारत के 33 प्रमुख शहरों में XAT एग्जाम आयोजित करता है। 70 से अधिक बी-स्कूल्स पर्सनलाइज्ड ग्रुप डिस्कशन/पर्सनल इंटरव्यू के साथ अपने प्राइमरी एंट्रेंस क्राइटेरिया के रूप में XAT स्कोर को स्वीकार करते हैं।

शैक्षणिक योग्यताः किसी मान्यता प्राप्त विश्वविद्यालय से किसी भी विषय में ग्रेजुएशन करने वाला कोई भी व्यक्ति XAT के लिए अप्लाई कर सकता है।

परीक्षा पद्धतिः XAT एग्जाम में मुख्यतः 4 सेक्शंस से कुल 100 MCQ (मल्टीपल चॉइस प्रश्न) पूछे जाते हैं। वे चार सेक्शंस हैं- वर्बल एवं लॉजिकल एबिलिटी, क्वांटिटेटिव एबिलिटी, डाटा इंटरप्रिटेशन और डिसीजन मेकिंग तथा जनरल अवेयरनेसस XAT कैंडिडेट्स के मेरिट स्कोर के आधार पर उन्हें पर्सनल इंटरव्यू तथा ग्रुप डिस्कशन के लिए बुलाया जाता है।

MAT (मैट) मैनेजमेंट एप्टीट्यूड टेस्ट

मैनेजमेंट एप्टीट्यूड टेस्ट (MAT) मैनेजेंट प्रोग्राम कराने वाले इंस्टीट्यूट्स में एडमिशन हेतु एक नेशनल लेवल का एंट्रेंस एग्जाम है। इस टेस्ट का आयोजन भारत के 350 बी-स्कूल्स में एडमिशन के लिए AIMA (ऑल इंडिया मैनेजमेंट एसोसिएशन) द्वारा वर्ष में 4 बार किया जाता है।

शैक्षणिक योग्यताः किसी मान्यता प्राप्त विश्वविद्यालय से किसी भी विषय में ग्रेजुएशन करने वाला कोई भी व्यक्ति MAT के लिए अप्लाई कर सकता है।

परीक्षा पद्धतिः मैट एग्जाम, छात्र को ऑनलाइन तथा ऑफलाइन दोनों ही मोड में एग्जाम देने की सुविधा प्रदान करता है। इस टेस्ट में प्रश्न मुख्यतः 5 कोर एरियाज लैंग्वेज कम्प्रिहेंसन, मैथेमेटिकल स्किल्स, डाटा एनालिसिस एंड सफिसियेंसी, इंटेलिजेंस और क्रिटिकल रीजनिंग तथा इंडियन एवं ग्लोबल इनवायरमेंट आदि से प्रश्न पूछे जाते हैं। इस टेस्ट का कुल समय 2 घंटा 30 मिनट होता है।

स्नैप (SNAP)– सिम्बायोसिस नेशनल एप्टीट्यूड टेस्ट

सिम्बायोसिस इंटरनेशनल विश्वविद्यालय भारत में सबसे अच्छी तरह से मान्यता प्राप्त प्राइवेट बी-स्कूलों में से एक है। वर्षो से, इस संस्थान ने अभ्यर्थियों को विशेष और उपयोगी एमबीए स्पेशलाइजेशन प्रदान करके खुद के लिए एक जगह बनाई है। SNAP नेशनल लेवल का एप्टीट्यूड टेस्ट है जो सिम्बियोसिस द्वारा पेश किए गए सभी पोस्ट ग्रेजुएट मैनेजमेंट प्रोग्राम में एडमिशन देने के लिए आयोजित की जाती है।

शैक्षणिक योग्यताः किसी भी विषय में 50 फीसदी मार्क्स अथवा CGPA स्कोर वाले ग्रेजुएट छात्र SNAP एग्जाम में बैठ सकते हैं।

परीक्षा पद्धतिः SNAP एक ऑब्जेक्टिव टाइप MCQ टेस्ट है जिसका आयोजन प्रतिवर्ष दिसंबर महीने में किया जाता है। इसके सिलेबस में मुख्यतः चार टॉपिक जनरल इंग्लिश, क्वांटिटेटिव एप्टीट्यूड, जनरल अवेयरनेस तथा लॉजिकल और एनालिटिकल रीजनिंग को कवर किया जाता है। इस एग्जाम में प्रत्येक गलत उत्तर के लिए 25 फीसदी निगेटिव मार्क्स दिए जाते हैं। इसकी कुल अवधि 2 घंटे है तथा इसमें कुल 125 प्रश्न पूछे जाते हैं।

नरसी मोंजी मैनेजमेंट एप्टीट्यूड टेस्ट

NMIMS में एडमिशन के लिए यह एक एमबीए एंट्रेस एग्जाम है। NMIMS (नरसी मोंजी इंस्टीट्यूट ऑफ मैनेजमेंट स्टडीज) मुम्बई में स्थित एक डीम्ड विश्वविद्यालय

है। 'नरसी मोंजी एजुकेशनल ट्रस्ट द्वारा संचालित यह विश्वविद्यालय छात्र को विभिन्न डिसिप्लिन में एमबीए प्रोग्राम करने की सुविधा प्रदान करती है।' एग्जीक्यूटिव और पार्ट टाइम एमबीए के लिए यह विश्वविद्यालय सर्वाधिक छात्र की पसंद है।

शैक्षणिक योग्यताः किसी भी विषय में 50 फीसदी मार्क्स अथवा CGPA स्कोर वाले ग्रेजुएट छात्र नरसी मोंजी मैनेजमेंट एप्टीट्यूड टेस्ट में बैठ सकते हैं।

परीक्षा पद्धतिः नरसी मोंजी मैनेजमेंट एप्टीट्यूड टेस्ट एक MCQ बेस्ड 2 घंटे का एग्जाम होता है। इस एग्जाम में मुख्यतः लैंग्वेज स्किल्स, क्वांटिटेटिव स्किल्स, डाटा इंटरप्रिटेशन और डाटा सफिसियेंसी और लॉजिकल रीजनिंग को कवर किया जाता है। लिखित एग्जाम के आधार पर छात्र की मेरिट लिस्ट तैयार की जाती है तथा उन्हें उनके मार्क्स के आधार पर ग्रुप डिस्कशन तथा पर्सनल इंटरव्यू के लिए बुलाया जाता है। यहाँ एग्जीक्यूटिव एमबीए में एडमिशन वर्क एक्सपीरियंस के आधार पर भी दिया जाता है।

CMAT – कॉमन मैनेजमेंट एडमिशन टेस्ट

CMAT, आल इंडिया काउंसिल फॉर टेक्निकल एजुकेशन (AICTE) द्वारा मान्यता प्राप्त इंस्टीट्यूट्स में एडमिशन के लिए आयोजित एक एमबीए एंट्रेंस एग्जाम है। इसका आयोजन आल इंडिया काउंसिल फॉर टेक्निकल एजुकेशन (AICTE) द्वारा ही किया जाता है।

शैक्षणिक योग्यताः किसी भी विषय में 50 फीसदी मार्क्स अथवा CGPA स्कोर वाले ग्रेजुएट छात्र CMAT एग्जाम दे सकते हैं।

परीक्षा पद्धतिः CMAT एक ऑनलाइन टेस्ट है, इसके प्रश्न पत्र में कुल 100 ऑब्जेक्टिव टाइप प्रश्न पूछे जाते है। इस एग्जाम की कुल अवधि 180 मिनट होती है। इस एग्जाम में 25 प्रश्न इसके मेन सेक्शन जैसे क्वांटिटेटिव टेक्नीक्स और डाटा इंटरप्रिटेशन, लॉजिकल रीजनिंग, लैंग्वेज कम्प्रिहेंशन और जनरल अवेयरनेस से पूछा जाता है। यह एग्जाम कुल 400 मार्क्स का होता है। प्रत्येक सही उत्तर के लिए 4 मार्क्स दिए जाते हैं तथा प्रत्येक गलत उत्तर के लिए 1 मार्क्स काटा जाता है।

आईआईएफटी (IIFT) – इंडियन इंस्टीट्यूट ऑफ फॉरेन ट्रेड एमबीए एंट्रेंस टेस्ट

इंडियन इंस्टीट्यूट ऑफ फॉरेन ट्रेड भारत के सर्वश्रेष्ठ बी-स्कूल्स में से एक है। IIFT इंटरनेशनल बिजनेस में एमबीए की डिग्री प्रदान करता है। भारत जैसे देश में इंटरनेशनल बिजनेस में एमबीए की डिग्री की बहुत डिमांड है। यह डिग्री छात्र को ग्लोबल सेटअप

में मल्टीनेशनल कारपोरेशन को हैंडल करने की योग्यता का विकास छात्र में करती है और वे एक सफल मैनेजर साबित होते हैं। आईआईएफटी हरेक साल नवंबर महीने में एमबीए एंट्रेंस टेस्ट का आयोजन आईआईएफटी दिल्ली और आईआईएफटी कलकत्ता कैम्पस में एडमिशन के लिए करता है।

शैक्षणिक योग्यता: किसी मान्यता प्राप्त विश्वविद्यालय से किसी भी विषय में ग्रेजुएशन करने वाला कोई भी व्यक्ति आईआईएफटी का एग्जाम देने की योग्यता रखता है।

परीक्षा पद्धति: एमबीए इंटरनेशनल बिजनेस प्रोग्राम में एडमिशन के लिए आईआईएफटी खुद का एमबीए एंट्रेस एग्जाम आयोजित करता है। यह लिखित एग्जाम, एस्से राइटिंग टेस्ट, ग्रुप डिस्कशन और पर्सनल इंटरव्यू के जरिये छात्र की टेस्ट लेता है। इसके टेस्ट पेपर में इंग्लिश कम्प्रिहेंशन, जनरल नॉलेज और अवेयरनेस, लॉजिकल रीजनिंग और क्वांटिटेटिव एनालिसिस आदि विषयों से प्रश्न पूछे जाते हैं।

(एमएच-सीईटी) MH-CET – महाराष्ट्र कॉमन एंट्रेंस टेस्ट

इसके नाम से ही पता चलता है कि MH-CET, महाराष्ट्र में गवर्नमेंट, विश्वविद्यालय मैनेजमेंट, विश्वविद्यालय डिपार्टमेंट और महाराष्ट्र के अवैतनिक इंस्टीट्यूट्स से एमबीए /एमएमएस और पीजीडीबीएम/पीजीडीएम की दो साल का फुलटाइम पोस्ट ग्रेजुएट डिग्री कोर्सेज में एडमिशन के लिए मुख्य मैनेजमेंट एंट्रेंस एग्जाम है।

शैक्षणिक योग्यता: किसी भी विषय में 50 फीसदी मार्क्स अथवा CGPA स्कोर वाले ग्रेजुएट छात्र MH-CET एग्जाम दे सकते हैं।

एग्जाम पैटर्न- MH-CET मल्टीपल च्वाइस प्रश्न वाला एक कंप्यूटराइज्ड ऑब्जेक्टिव टेस्ट है। इसमें विभिन्न सब्जेक्ट्स जैसे वर्बल एबिलिटी, रीडिंग कम्प्रिहेंसन, क्वांटिटेटिव एनालिसिस, डाटा इंटरप्रिटेशन, डाटा सफिसियेंसी, एनालिटिकल रीजनिंग, वर्बल रीजनिंग और नॉन वर्बल रीजनिंग आदि से प्रश्न पूछे जाते हैं। इसमें कुल 200 प्रश्न पूछे जाते हैं तथा उन्हें 150 मिनट में हल करना होता है।

जब छात्रों को प्रतिष्ठित संस्थानों में एमबीए कोर्स में एडमिशन लेने हेतु किन-किन परीक्षाओं की तैयारी करनी पड़ेगी? इसकी सही जानकारी प्राप्त हो जाती है तब या तो वे स्वयं पिछले साल के प्रश्नपत्रों के आकलन के आधार पर अपनी तैयारी कर सकते हैं। लेकिन अगर उन्हें ऐसा लगता है कि कैट तथा मैट जैसी परीक्षाओं की तैयारी वे स्वयं नहीं कर सकते तथा उनकी आर्थिक स्थिति ऐसी है कि वे कोचिंग संस्थाओं की फी भर सकें तो वे इन कोचिंग संस्थानों के माध्यम से अपनी तैयारी कर सकते हैं।

एमबीए एंट्रेंस एग्जाम्स की तैयारी कराने वाले कुछ महत्त्वपूर्ण कोचिंग संस्थान

हमारे देश भारत में एमबीए एंट्रेंस एग्जाम की इस बढ़ती लोकप्रियता की वजह से कैट और अन्य एमबीए एंट्रेंस एग्जाम की तैयारी के लिए कोचिंग संस्थानों की संख्या में काफी वृद्धि हुई है। एमबीए एंट्रेंस एग्जाम देने के इच्छुक उम्मीदवारों के लिए आजकल बाजार में कई कोचिंग संस्थाओं के फैले होने के कारण, अपने लिए किसी उचित कोचिंग संस्थान का चयन करना बहुत कठिन हो जाता हैं, इसलिए एमबीए करने की इच्छा रखने वाले उम्मीदवारों को सही कोचिंग इंस्टीट्यूट चुनने में मदद करने के उद्देश्य से नीचे भारत के कुछ महत्त्वपूर्ण एमबीए कोचिंग सेंटर्स की एक सूची प्रस्तुत की जा रही है।

करियर लॉन्चर (CL): भारत में सबसे लोकप्रिय और सबसे बड़ा एमबीए कोचिंग संस्थान हैं। इस संस्थान की स्थापना इंडियन नेशनल इंस्टीट्यूट ऑफ मैनेजमेंट, बैंगलोर के पूर्व स्टूडेंट्स सत्य नारायणन आर ने की थी। करियर लॉन्चर के भारत के 100 शहरों में स्थित लगभग 200 टेस्ट प्रेप सेंटर हैं, इन सेंटर्स में लगभग 50 हजार से अधिक छात्र नामांकित हैं। यह संस्थान वर्ष 1996 से ही एमबीए एंट्रेंस एग्जाम के लिए स्टूडेंट्स को सही दिशा दिखा रहा है। यह विभिन्न एमबीए उम्मीदवारों की आवश्यकताओं के अनुसार कैट परीक्षा के लिए जरूरी कोचिंग प्रोग्राम्स प्रदान करता है। एमबीए उम्मीदवारों की विभिन्न आवश्यकताओं के अनुरूप इस संस्थान द्वारा चलाये जा रहे विभिन्न प्रकार के कोचिंग प्रोग्राम्स का विवरण नीचे दिया गया हैं।

प्रमुख कोर्सेज

क्लास-रूम प्रोग्रामः

क्लास-रूम प्रोग्राम छात्रों को करियर लॉन्चर में फैकल्टी मेम्बर्स से व्यक्तिगत परामर्श लेने का मौका देता है। छात्रों को न केवल कैट एग्जाम की ही तैयारी करवाई जाती है, बल्कि अन्य एमबीए एंट्रेंस एग्जाम्स जैसे XAT(जैट) IIFT(आईआईएफटी), TISS(टी.आई.एस.एस), SNAP(स्नैप) आदि के लिए भी पढ़ाया जाता है। ये प्रोग्राम्स छात्रों को बहुत कठिन प्रैक्टिस मॉड्यूल के माध्यम से अपनी प्रॉब्लम सॉल्विंग स्किल्स को मजबूत करने और वर्कशॉप और सेशन के साथ-साथ प्रत्येक मॉक टेस्ट के विश्लेषण के जरिये छात्रों को उनकी रीजनिंग को मजबूत बनाने में मदद करता है। इतना ही नहीं छात्रों को सभी आवश्यक पुस्तकें और अध्ययन सामग्री भी उपलब्ध करवाई जाती है।

एमबीए रेसिडेंशियलः

यह एक इंटेंसिव रेगुलर एमबीए कोचिंग प्रोग्राम है जो 24 घंटे लगभग 100 स्टूडेंट्स को कनॉट प्लेस, दिल्ली में करियर लॉन्चर के फैकल्टी मेम्बर्स के साथ बातचीत करने तथा उनसे अपनी समस्याओं को बताने का अवसर प्रदान करता है। जो स्टूडेंट्स इस प्रोग्राम में हिस्सा लेते हैं उन्हें कई तरह के अन्य लाभ प्रदान किए जाते हैं जैसे क्लॉक डाउट सॉल्विंग, लाइब्रेरी, स्पोर्ट्स फैसिलिटीज, ग्रुप स्टडी, पीयर लर्निंग और पर्सनालिटी डेवेलपमेंट प्रोग्राम आदि। ये प्रोग्राम्स मूलतः ग्रेटर नोएडा कैंपस बेस्ड हैं ताकि छात्रों को उनके आवास, परिवहन, सुरक्षा इत्यादि जैसे विषयों के बारे में चिंता करने की जरूरत नहीं हो तथा वे किसी शीर्ष बी स्कूल में एडमिशन लेने के अपने सपने को साकार कर सकें।

कैट ऑनलाइन क्लासेजः

यह करियर लॉन्चर द्वारा शुरू किये गए कुछ नवीनतम पहलों में से एक है, जो मुख्य रूप से उन छात्रों को मार्गदर्शन करने का कार्य करता है, जो अपने कुछ व्यक्तिगत

कारणों से करियर लॉन्चर सेंटर्स की रेगुलर क्लासेज में भाग नहीं ले सकते हैं। यह प्रोग्राम हर दिन दो सेशन में उपलब्ध रहता है, पहला सुबह 7:00 बजे से 9:00 बजे तक होता है और दूसरा रात के समय रात 9:30 बजे से 11:30 बजे तक होता है। छात्र अपने घर से बिना किसी परेशानी के इन कक्षाओं में भाग ले सकते हैं। इस प्रोग्राम में भारत भर के सभी सेंटर्स से सर्वश्रेष्ठ फैकल्टी और टॉप करियर लॉन्चर सलाहकार शामिल होते हैं।

आईएमएस (IMS)

आईएमएस मैनेजमेंट एजुकेशन के क्षेत्र में भारत में सबसे पुराने कोचिंग संस्थानों में से एक है। इस संस्थान के पूरे भारत में 90 से अधिक केंद्र हैं जिनमें 50,000 से अधिक छात्र नामांकित हैं। आईएमएस विभिन्न एमबीए एंट्रेंस एग्जाम्स जैसे- CAT, MAT, CMAT, SNAP, MH-CET, ISB हैदराबाद, XAT, IIFT, TISNET और अन्य एमबीए एग्जाम्स के लिए कोचिंग की सुविधा प्रदान करता है। इतना ही नहीं आईएमएस उन कुछ संस्थानों में से एक है जो एग्जाम स्पेसिफिक प्रोग्राम्स पर केंद्रित हैं अर्थात, यह संस्थान कुछ प्रमुख मैनेजमेंट एंट्रेंस एग्जाम्स के लिए विशेष प्रोग्राम ऑफर करता है।

आईएमएस द्वारा चलाये जाने वाले प्रमुख कोर्सेज

यह कोचीन संस्थान कैट के लिए आईएमएस एमबीए कैटापल्ट, इंजीनियर के लिए एमबीए, कैटापल्ट एक्सप्रेस, कैट मैक्सिमिसर इत्यादि जैसे प्रोग्राम प्रदान करता है। इनमें से प्रत्येक प्रोग्राम कैट उम्मीदवारों के अलग-अलग प्रैक्टिस सेटों पर केंद्रित है, जैसे पहली बार कैट एग्जाम देने वाले या दूसरी बार कैट एग्जाम देने वालों के लिए अलग अलग प्रोग्राम्स ऑफर किये जाते हैं। इस संस्थान में सीमैट (CMAT) एग्जाम के लिए CMAT कम्प्रिहेंसिव और CMAT एक्सप्रेस, जैसे अन्य लोकप्रिय एमबीए के लिए प्रोग्राम्स, CHT कम्प्रिहेंसिव और एक्सक्लूसिव MH-CET कैंडिडेट्स के लिए, SNAP एग्जाम प्रोग्राम, SNAP क्लास प्रोग्राम, MAT प्रोग्राम के लिए MAT कम्प्रिहेंसिव प्रोग्राम और अन्य ऐसे कई प्रोग्राम चलाये जाते हैं।

• ट्रायम्फंट इंस्टीट्यूट ऑफ मैनेजमेंट (T.I.M.E.)

ट्रायम्फंट इंस्टीट्यूट ऑफ मैनेजमेंट (T.I.M.E.) मैनेजमेंट के क्षेत्र में सबसे लोकप्रिय कोचिंग इंस्टीट्यूट्स में से एक है। टाइम वर्ष 1992 में स्थापित किया गया था और पूरे भारत के 118 शहरों में इसके 251 कार्यालय हैं और इसका मुख्यालय हैदराबाद में है। T.I.M.E. के कोचिंग प्रोग्राम्स सिर्फ कैट एंट्रेंस एग्जाम के लिए ही नहीं बल्कि

SNAP, XAT, IIFT, NMAT, CMAT आदि जैसी अन्य लोकप्रिय एंट्रेंस एग्जाम के लिए तैयारी करवाते हैं। इस इंस्टीट्यूट द्वारा स्पेसिफिक स्टेट CET एग्जाम्स की भी तैयारी करवाई जाती है तथा इसके पास CET एग्जाम की तैयारी करने वाले काफी विद्यार्थी हैं। T.I.M.E. विभिन्न एमबीए अभ्यर्थियों की विभिन्न आवश्यकताओं को ध्यान में रखते हुए अपने कोचिंग प्रोग्राम्स ऑफर करता है।

टाईम द्वारा चलाये जाने वाले कोर्सेज

क्लास-रूम और डिस्टेंस लर्निंग प्रोग्राम्स

टाइम द्वारा 3 प्रकार के क्लास-रूम प्रोग्राम की पेशकश, जैसे सुपर लॉन्ग टर्म, लॉन्ग टर्म और क्रैश कोर्स। यह उन स्टूडेंट्स के लिए पत्राचार/ऑनलाइन पाठ्यक्रम भी प्रदान करता है जो किसी कारणवश क्लास-रूम प्रोग्राम में भाग लेने में असमर्थ हैं। जो स्टूडेंट्स ऑनलाइन प्रोग्राम्स लेते हैं उन्हें सभी आवश्यक अध्ययन सामग्री प्रदान की जाती है। इस संस्थान द्वारा छात्रों के लिए नियमित आधार पर डाउट सेशन भी आयोजित करता है।

AIMCAT और GWPI मॉड्यूल

T.I.M.E. मैनेजमेंट कोचिंग प्रोग्राम की एक अन्य लोकप्रिय विशेषता AIMCAT सीरीज अर्थात उनका एमकैट टेस्ट सीरीज है। T.I.M.E. द्वारा प्रस्तावित चार अलग-अलग AIMCAT पैकेज प्रदान किया जाता है, अर्थात् AIMCAT बेसिक, डिस्कशन वीडियो के साथ AIMCAT बेसिक, AIMCAT एनहेंस्ड और AIMCAT डिस्कशन वीडियो आदि की सुविधा प्रदान की जाती है। इसके अतिरिक्त GWPI मॉड्यूल है जिसमें बी-स्कूलों के GWPI राउंड के लिए चुने गए विद्यार्थी अभ्यास करते हैं। इसके सेशन अनुभवी फैकल्टी द्वारा आयोजित किए जाते हैं और मॉक इंटरव्यू, जीके लेक्चर्स की सीरीज और विस्तृत फीडबैक के माध्यम से अध्ययन कराया जाता है।

पीटी (PT) एजुकेशन

वर्ष 1993 में आईआईटी, दिल्ली से ग्रेजुएट, संदीप मनुधाने ने पीटी एजुकेशन की स्थापना की थी। यह संस्थान मैनेजमेंट से सम्बंधित विषयों पर एक विस्तृत श्रृंखला के रूप में कोचिंग प्रोग्राम प्रदान करता है। मैनेजमेंट के क्षेत्र में संस्थान दो अलग-अलग प्रकार के एमबीए कोचिंग प्रोग्राम यानी ऑनलाइन कोर्सेज और पेन ड्राइव कोर्सेज प्रदान करता है। पीटी एजुकेशन विभिन्न समय अवधि के कोर्सेज भी कराता है, इस संस्थान में एक वर्ष से लेकर 3 वर्ष तक के कोर्सेज कराये जाते हैं।

कोर्सेज पीटी एमबीए एंट्रेंस कोर्सेज- पिन्नेकल ऑनलाइन

यह भारत में आयोजित एमबीए एंट्रेंस एग्जाम की तैयारी के लिए पीटी एजुकेशन द्वारा प्रस्तुत किया जाने वाला एक व्यापक पाठ्यक्रम है। इस पाठ्यक्रम के अंतर्गत लेक्चर्स, कोर्स वेयर (अध्ययन सामग्री) और मॉक टेस्ट आदि शामिल हैं। इसमें कराये जाने वाले प्रोग्राम्स, आईआईएम-कैट (IIM&CAT)/जैट (XAT)/ स्नैप (SNAP)/ एनमैट (NMAT)/ आईआईएफटी (IIFT)/टीआईएसएसएनईटी (TISSNET) और अन्य सभी प्रमुख और लोकप्रिय एमबीए एंट्रेंस एग्जाम्स पर केंद्रित हैं। ऑनलाइन प्रोग्राम्स में कोर्स मटीरियल के लिए एक सक्रिय इंटरनेट कनेक्शन की आवश्यकता होती है। ये कोर्सेज स्टूडेंट्स तथा वर्किंग प्रोफेशनल्स दोनों के लिए लाभदायक है। ये सभी कोर्सेज 3 साल, 2 साल और 1 साल के प्रोग्राम्स के रूप में व्यवस्थित किये गए हैं, उम्मीदवार अपनी योग्यता, आवश्यकता और वरीयता के अनुरूप किसी भी एक प्रोग्राम का चुनाव कर सकते है।

पीटी एमबीए एंट्रेंस कोर्स पिन्नेकल-पेन ड्राइव

पेन ड्राइव प्रोग्राम ऑनलाइन कार्यक्रम की तरह ही है। इसमें अंतर सिर्फ इतना है कि इसके लिए अभ्यर्थियों के पास इंटरनेट कनेक्शन होने की जरूरत नहीं पड़ती है।

बुल्स आई

बुल्स आई नामक इंस्टीट्यूट की स्थापना 1996 में पुणे में आईआईएम और एक्सएलआरआई के पूर्व छात्रों की एक टीम ने की थी। यह इंस्टीट्यूट कैट (CAT), जैट(XAT), स्नैप (SNAP), एनमैट (NMAT), आईआईएफटी (IIFT), टीआईएसएस (TISS), सीमैट (CMAT), मैट (MAT), महाराष्ट्र सीईटी (MH-CET) और अन्य जैसे विभिन्न मैनेजमेंट एग्जाम्स के लिए कोचिंग की सुविधा प्रदान करता है। यह इंस्टीटयूट अपने छात्रों की विभिन्न आवश्यकताओं के अनुरूप क्लास और ऑनलाइन प्रोग्राम्स जैसे विभिन्न प्रारूपों में कई कोर्सेज ऑफर करता है।

कोर्सेज

यह इंस्टीट्यूट CAT/MAT/CMAT और MH-CET के लिए विशेष क्लासेज और ऑनलाइन प्रोग्राम्स की सुविधा प्रदान करता है। इसके अलावा यहां पर CAT एंट्रेंस एग्जाम के लिए क्रैश कोर्स भी कराये जाते हैं और सभी एग्जाम्स के लिए मुफ्त तैयारी भी करायी जाती है। बुल्स आई वीडियो लेक्चर्स, फुल लेंथ प्रैक्टिस सेट, ऑल इंडिया टेस्ट सीरिज, मोबाइल ऐप, सेक्शनल और चैप्टर वाइज टेस्ट, चुनिंदा ई-लेक्चर्स

आदि द्वारा तैयारी करवाता है। क्लास और ऑनलाइन प्रोग्राम्स का चयन करने वाले उम्मीदवारों को सभी संसाधन तथा अध्ययन सामग्री उनकी आवश्यकता के अनुसार उपलब्ध कराये जाते हैं।

कैट एग्जाम की विस्तृत जानकारी

कॉमन एडमिशन टेस्ट्स (कैट) सबसे प्रतिष्ठित एमबीए एंट्रेंस एग्जाम्स में से एक है। इसका आयोजन साल में एक बार किया जाता है तथा इसे देश के आईआईएम द्वारा रोटेशनल बेसिस पर आयोजित किया जाता है। भारत के प्रीमियम मैनेजमेंट इंस्टीट्यूट्स में 2 लाख से अधिक कैंडिडेट्स के एडमिशन के लिए कैट एग्जाम एक कंप्यूटर बेस्ड एग्जाम है।

कैट मॉक टेस्ट्स की प्रैक्टिस से आईआईएम में दाखिला के रास्ते को आसान बनाया जा सकता है-

भारत में किसी टॉप आईआईएम में एडमिशन लेने के लिए अगर छात्र कैट मॉक टेस्ट्स की अच्छी प्रैक्टिस कर लें तो कैट एग्जाम को शत-प्रतिशत मार्क्स के साथ पास करना उनके लिए काफी आसान हो जाएगा। कैट एंट्रेंस एग्जाम को पास करने के लिए कैट मॉक टेस्ट्स की उपयोगिता तथा उनके महत्त्व को जानना तथा उनके अनुरूप कार्य करने की जरूरत है।

हमारे देश भारत में कैट एग्जाम पास करके अपने मनचाहे आईआईएम के किसी अच्छे कॉलेज में एडमिशन लेना हरेक एमबीए अभ्यर्थी का सपना होता है। जो छात्र भारत के किसी टॉप एमबीए कॉलेज में एडमिशन लेना चाहते हैं, उन्हें इस परीक्षा की तैयारी अवश्य करनी चाहिए। एमबीए एंट्रेंस एग्जाम भारत के सबसे मुश्किल एंट्रेंस एग्जाम्स में से एक है और इसे बेहतरीन मार्क्स से पास करने के कई अलग-अलग टूल्स हैं जिनकी मदद एमबीए कैंडिडेट्स कैट में सफलता प्राप्ति के लिए ले सकते हैं। पिछले कुछ वर्षों से इन सभी टूल्स में से सर्वाधिक प्रभावशाली टूल रहा है- मॉक टेस्ट्स, हम कैट एंट्रेंस एग्जाम क्रैक करने के लिए कैट मॉक टेस्ट्स के महत्त्व को नकार नहीं सकते हैं। भारत में एमबीए अभ्यर्थी के लिए विशेष रूप से कैट और अन्य एमबीए एंट्रेंस एग्जाम्स जैसे टेस्ट्स की तैयारी के लिए मॉक टेस्ट्स सबसे महत्त्वपूर्ण और प्रभावी टूल्स में से एक है। मॉक टेस्ट्स कैंडिडेट्स को अपने स्किल्स मजबूत करने और एमबीए एंट्रेंस एग्जाम के लिए अपनी प्रिपीरिएशन स्ट्रेटेजी को और अच्छी तरह बनाने में मदद करते हैं। दरअसल, कैट एंट्रेंस एग्जाम क्रैक करने के लिए कैट मॉक टेस्ट्स को सॉल्व करने का महत्त्व नीचे दिए गए प्वॉइंट्स से कुछ ज्यादा स्पष्ट हो जायेगा:

विनिंग स्ट्रेटेजी तैयार करने में व्यापक सहायता

कैट जैसे प्रतियोगी परीक्षाओं के प्रश्नों को हल करने के लिए सिर्फ फॉर्मूलाज को अप्लाई करना तथा शॉर्टकट्स सीखना ही काफी नहीं है बल्कि इसके लिए छात्रों को एक सटीक विनिंग स्ट्रेटेजी भी बनानी पड़ेगी तभी वे इस परीक्षा में सफलता हासिल कर सकेंगे। मॉक टेस्ट्स से इस एग्जाम में क्वेश्चन पेपर को हल करने की स्ट्रेटेजी बनाने में मदद मिलती है। इस स्ट्रेटेजी तथा मॉक टेस्ट्स की मदद से छात्रों को अपनी तैयारी किस तरह से करनी चाहिए और उसी के अनुरूप किस तरह से पढ़ाई पर ध्यान देना चाहिए। इस बात का सही रूप में पता चल जाता है। इसलिए यदि छात्र वास्तव में कैट एग्जाम को किसी भी तरह से क्वालीफाई करने की रणनीति बनाना चाहते हैं तो अवश्य ही मॉक टेस्ट्स का सहारा लें और अपने सफल होने की संभावना को 100 प्रतिशत सुनिश्चित करें।

मॉक टेस्ट्स का सबसे बड़ा फायदा यह होता है कि इसके जरिये छात्र अपनी तैयारी के लेवल को बड़ी आसानी से माप सकते हैं। वे खुद जान सकते हैं कि उनकी तैयारी किस लेवल पर है? इससे यह भी पता चलता है कि एग्जाम के आखिरी घंटे में कठिन प्रश्नों को हल करने के लिए उन्होंने कितनी तैयारी कर ली है? इसके अतिरिक्त छात्र कैट परीक्षा के प्रश्न पत्र के तीन सेक्शंस में से प्रत्येक सेक्शन में से कितने प्रश्न हल कर पा रहे हैं और कितने प्रश्नों के लिए और अधिक प्रयास की जरूरत है, इस बात का भी पता लगाने में सक्षम होते हैं। इतना ही नहीं इससे तीनों सेक्शन्स में पूछे जाने वाले प्रश्नों के प्रकार, उनकी शैली तथा उनके प्रारूप की भी सम्पूर्ण और सही जानकारी मिलती है।

मॉक टेस्ट देने से वास्तविक एग्जाम देने की अनुभूति

मॉक टेस्ट्स देने से एक तरीके से वास्तविक कैट एग्जाम के पेपर देने का वास्तविक एहसास होता है। इससे छात्र ऐसा महसूस करते हैं कि वे अपना आगामी कैट एग्जाम ही दे रहे हैं। इसलिए वे इसे देते समय मानसिक रूप से एलर्ट रहते हैं और कम से कम गलतियां करने की कोशिश करते हैं। इतना ही नहीं इससे उन्हें यह भी पता चलता है कि अभी उनके तैयारी में किस तरह की कमी रह गयी है?

यूँ तो प्रारंभिक अवस्था में यह बिलकुल मामूली से बात लगता है लेकिन सर्वश्रेष्ठ प्रबंधन कॉलेज में अपना दाखिला सुनिश्चित करने के लिए इस पर गौर करना बहुत ही जरूरी है। मैनेजमेंट के छात्रों के लिए तो यह बहुत ही महत्त्वपूर्ण है।

मॉक टेस्ट्स देने से छात्रों को यह पता चल पाता है कि वे किस तरह पेपर में अपने टाइम को मैनेज करते हैं? अगर वे इस दौरान टाइम मैनेजमेंट में सफल हो जाते हैं

तो उन्हें वास्तविक एग्जाम में टाइम मैनेज करने में किसी तरह की परेशानी नहीं होती तथा वे परीक्षा के समय किसी तरह के दबाव में नहीं आते हैं और ना ही उन्हें कोई टेंशन होता है।

प्रश्नों को हल करने के लिए एडवांस टेक्नीक्स का उपयोग

कैट एग्जाम के मॉक टेस्ट्स की तैयारी के दौरान आने वाली समस्याओं को सुलझाने के लिए विभिन्न एडवांस टेक्नीक्स को सीखने, उन्हें प्रश्नों के साथ लागू करने तथा उनमें मास्टरी हासिल करने का प्रयास किया जाता है। इससे प्रश्नों से जुड़ी समस्याओं के व्यवहारिक पक्ष को समझने और उन्हें हल करने में मदद मिलती है। उदाहरण के लिए मान लीजिये किसी छात्र ने डाटा एनालिसिस की एक ट्रिक या शॉर्टकट सीख लिया है, लेकिन जब तक वो उन प्रश्नों से जुड़ी समस्याओं को हल करते समय व्यावहारिक तरीके से उस ट्रिक को लागू करने में सक्षम नहीं हो जाता तब तक उस ट्रिक को सीखने का कोई उपयोग या फायदा नहीं होता। इसलिए कैट का मॉक टेस्ट्स न सिर्फ समस्याओं को सुलझाने के लिए नवीन टेक्नीक्स सीखने में मदद करते हैं बल्कि इससे छात्र यह भी जान पाते हैं कि कैट एग्जाम के प्रश्नों को हल करते समय इन तकनीकों का प्रयोग कैसे करना है?

अपने प्रदर्शन क्षमता के विश्लेषण से प्रदर्शन को और अधिक सुधारने में मदद

कैट एग्जाम का मॉक टेस्ट्स छात्र के प्रदर्शन का विश्लेषण करने में बहुत ही उपयोगी टूल साबित होता है। इसके जरिये वे अपनी तैयारी को आंक सकते हैं तथा उन्हें यह पता चल जाता है कि उन्हें किस सेक्शन में ज्यादा मेहनत की जरूरत है? इतना ही नहीं इसके माध्यम से वे अपने मजबूत पक्षों और कमजोरियों को भी बड़ी आसानी से पहचान कर उनको दूर करने का प्रयास करके कैट एग्जाम में आसानी से सफलता प्राप्त कर सकते हैं।

प्रबन्धन के छात्रों के आत्मविश्वास में बढ़ोत्तरी

मॉक टेस्ट्स का जो सबसे महत्त्वपूर्ण फायदा है वह यह है कि इस टेस्ट से छात्रों का मनोबल बढ़ता है। यह तो सर्वविदित तथ्य है कि आत्मविश्वास के बल पर तो जिन्दगी की हर जंग जीती जा सकती है। फिर कैट की परीक्षा कौन-सी बड़ी चीज है? मॉक टेस्ट्स के अभ्यास से छात्रों के प्रदर्शन में धीरे-धीरे अपेक्षित सुधार आता है और इससे उनका आत्मविश्वास निरंतर बढ़ता जाता है।

इसमें एक बात ध्यान देने वाली यह है कि पहली बार जब छात्र कैट मॉक टेस्ट्स देते हैं, तो वे वैसा प्रदर्शन नहीं कर पाते जैसा कि उनको उम्मीद होती है लेकिन फीडबैक लेकर और अपने प्रदर्शन का विश्लेषण करके छात्र अपने प्रदर्शन को सुधार सकते हैं और कैट की परीक्षा में अंतिम रूप से सफलता प्राप्त कर सकते हैं।

ये कुछ ऐसे आसान और साधारण उपाय हैं जिनकी मदद से छात्र प्रबंधन करने के लिए किसी प्रतिष्ठित संस्थान में दाखिला लेने के उद्देश्य को पूरा करने के लिए प्रथम सीढ़ी कैट परीक्षा में सफलता प्राप्त करने की उम्मीद रख सकते हैं। इस संदर्भ में छात्र कैट मॉक टेस्ट्स की अधिकतम प्रयास करके कैट एंट्रेंस एग्जाम के लिए अपनी बेहतरीन तैयारी कर सकते हैं। फिर वे अपनी कमजोरियों के साथ-साथ अपनी छोटी छोटी गलतियों में भी सुधार कर अपेक्षित परिणाम पाकर अपने सुनहरे भविष्य की तरफ अपना पहला कदम बढ़ा सकते हैं।

कैट एग्जाम से जुड़े वस्तुनिष्ठ प्रश्नों को कम से कम समय में हल करने के कुछ कारगार उपाय

दिखने में आसान लगने वाले वस्तुनिष्ठ प्रश्न जिन्हें अंग्रेजी में मल्टीपल चॉइस प्रश्न (MCQ) कहते हैं को हल करने के लिए लगभग हरेक एग्जाम में काफी कम समय मिलता है और उस समय छात्रों के लिए समस्या और अधिक जटिल हो जाती है जब हरेक गलत उत्तर मार्क करने पर निगेटिव मार्किंग की जाती है। इसलिए वस्तुनिष्ठ प्रश्नों को किस तरह स्मार्ट तरीके से हल करना चाहिए। इसके लिए कुछ कारगर टिप्स की चर्चा नीचे की गयी है।

एमबीए कोर्स में एडमिशन लेने हेतु कैट एंट्रेंस एग्जाम को पास करने के लिए केवल कुछ फार्मूलाज और शॉर्टकट ट्रिक्स में महारत हासिल करना ही काफी नहीं है। भारत के टॉप एमबीए इंस्टीट्यूट्स में एडमिशन लेने के लिए छात्रों को व्यावहारिक दृष्टिकोण को अपनाते हुए प्रयास करना चाहिए।

यह बात बिलकुल सही है और सबसे पहले प्रश्न पत्र को सही तरीके से पढ़ें। लेकिन अक्सर छात्र जल्दबाजी करते हुए प्रश्न पत्र को सरसरी निगाह से देखते हुए प्रश्नों के सभी तथ्यों पर ध्यान नहीं देते और उत्तर देते समय गलती कर बैठते हैं। किसी भी प्रश्न का सही जवाब देने के लिए यह जरूरी है कि आप उससे जुड़ी दी गयी सभी जानकारी को ठीक तरीके से समझें। आप तभी उस प्रश्न का सही उत्तर दे पाएंगे अन्यथा अधूरी जानकारी के आधार पर तो आपके उत्तर के गलत होने की संभावना लगभग 90 प्रतिशत तक हो सकती है। इसलिए सबसे पहले छात्र को कैट एग्जाम के पिछले साल के पेपर को अवश्य ही पूरी तरह सावधानीपूर्वक पढ़ना चाहिए।

प्रश्न को अच्छी तरह से समझने के बाद ही अपना उत्तर दें

यह शायद ऐसे छात्र के लिए बहुत बड़ी चुनौती है जिन्होंने एमबीए एंट्रेंस एग्जाम के लिए कई सैम्पल टेस्ट्स तथा मॉक टेस्ट्स दिए हैं। कई बार ऐसा होता है कि कैट एग्जाम में कुछ ऐसे प्रश्न होते हैं जो आपके सैम्पल या मॉक टेस्ट्स में पूछे गए पिछले वर्ष के सवालों से बिलकुल मिलते जुलते हैं। लेकिन छात्रों को यह ध्यान रखना चाहिए कि कैट एग्जाम में अक्सर मॉक टेस्ट्स, सैम्पल पेपर या प्रश्न पत्र से किसी भी प्रश्न को रिपीट नहीं किया जाता है। भारत का एक कठिन एमबीए एंट्रेंस एग्जाम होने के कारण इस एग्जाम के सभी प्रश्न एक कोर टीम द्वारा स्वयं बनाये जाते हैं। इसलिए किसी मॉक टेस्ट्स या सैम्पल या पिछले साल के प्रश्न पत्रों से इस एग्जाम में सवाल पूछे जाने का तो प्रश्न ही नहीं उठता है। इसलिए अपने प्रश्न पत्र को हल करने से पहले एक बार पूरे तथ्य को सावधानीपूर्वक पढ़ते हुए उसे समझने की कोशिश करें ताकि आप अधिक से अधिक सवालों का सही उत्तर दे पाएं।

किसी प्रश्न का गलत उत्तर देने की बजाए उसे छोड़ देना बेहतर उपाय है

इस परीक्षा से जुड़ी एक परेशानी यह भी है कि इस परीक्षा में निगेटिव मार्किंग भी होती है। इसलिए आपके गलत उत्तर दिए जाने पर आपके मार्क्स काटे जाते हैं, जिसकी वजह से अधिकतम सही उत्तर दिए जाने के बावजूद भी आप सही मार्क्स नहीं पा सकते हैं। किसी प्रश्न का उत्तर देते समय तार्किक रूप से उसके उत्तर को पूर्णतः समझने के बाद पूरी तरह से आश्वस्त होने पर ही सही उत्तर पर टिक लगाएं। हर संभव रिस्क लेने के प्रयास से बचने की कोशिश करें। निगेटिव मार्किंग की प्रक्रिया दबाव की स्थिति में सही निर्णय लेने अथवा सही उत्तर पर निशान लगाने के लिए आपकी तार्किक क्षमता का इस्तेमाल करने पर विशेष जोर देती है। इसलिए इस दौरान आपको यह निर्णय लेना होगा कि किस प्रश्न का उत्तर देना और किसका नहीं देना हैं। जिन प्रश्नों का उत्तर आप शत-प्रतिशत सही जानते हैं, पहले उन सभी प्रश्नों का जवाब दें, जिन प्रश्नों के उत्तर में आपको संदेह है तो बेहतर है कि आप उसे ज्यों का त्यों छोड़ दें। लेकिन अगर आपके सही और गलत होने का अनुपात 90:10 का है, तो आप खतरा मोल ले सकते हैं अन्यथा ऐसे प्रश्नों को छोड़ देने में ही भलाई है, अन्यथा निगेटिव मार्किंग की वजह से सही प्रश्नों के मार्क्स भी प्रभावित होंगे या फिर कट जायेंगे।

इसके अतिरिक्त छात्रों को टाइम मैनेजमेंट का ख़्याल रखते हुए प्रत्येक प्रश्न पर दिए जाने वाले समय पर भी विचार करना चाहिए। यदि आप एक ही प्रश्न पर बहुत ज्यादा समय दे देंगे तो बाकी अन्य प्रश्नों के लिए आपके पास कम समय बचेगा और हो

सकता है कि अंत में आप आते हुए सवालों का जवाब भी समय की कमी के कारण नहीं दे पाएं। इसलिए कैट एग्जाम का पेपर देते समय इन दो विशेष बातों अर्थात किन प्रश्नों का उत्तर देना तथा कितने समय में देना हैं? इसका पूर्णत: ध्यान रखें। यदि छात्र ऐसा वास्तव में करते हैं तो सफलता अवश्य मिलेगी।

प्रश्नों को हल करने का अधिक से अधिक प्रयास करें

जब छात्र अपने विषय की विषय वस्तु को पूरी तरह समझ लेते हैं तब उन्हें विषय वस्तु से जुड़े प्रश्नों को हल करने की कोशिश करनी चाहिए। इससे पूर्व आपने जितने भी ट्रिक्स या शार्टकट सीखी है उनका उपयोग कर सही उत्तर तक पहुंचने का यथा संभव प्रयास करना चाहिए। अपनी मानसिक क्षमता का अधिकतम उपयोग करते हुए सही उत्तर की तलाश करें। प्रश्न पत्र को हल करते समय किसी भी उपकरण की मदद लेने से बचें। स्वयं ही प्रश्नों को हल करें। ध्यान रखें परीक्षा में कैलकुलेटर जैसे उपकरणों के प्रयोग पर ज्यादातर मामलों में मनाही ही होती है।

हालांकि स्क्रीन कैलकुलेटर आदि काफी सुविधाजनक उपकरण है लेकिन इसमें बहुत समय लगता है। साथ ही, गणना करने के लिए किसी न किसी शीट का उपयोग करते समय रफ कार्य क्रमिक रूप से साफ-सुथरे ढंग से करें ताकि जब आप उसे देखें तो यह पहचान पाएं कि यह किस प्रश्न का जवाब है? एक प्रश्न का उत्तर किसी दूसरे प्रश्न के साथ ओवरलैपिंग न करे, अन्यथा आपको सही उत्तर पहचानने में परेशानी हो सकती है और आपका समय भी बर्बाद होगा।

सभी प्रश्नों का सही उत्तर देने का प्रयत्न करें

एक बार जब आप पूरी तरह से प्रश्न की विषय वस्तु को समझ लेते हैं तो आप सबसे पहले यह सोचें कि जो उत्तर आपके दिमाग में आ रहा है, वह वस्तुनिष्ठ प्रश्नों के उत्तर में है या नहीं। अगर वह उत्तर प्रश्नों के उत्तर में हैं तो उसे सही समझें और सीधे-सीधे उस पर टिक लगाएं। किसी भी सवाल का जवाब प्रश्न की डिमांड को समझते हुए देने की कोशिश करें। तुक्का मारने की कोशिश हरगिज न करें, इससे न सिर्फ आप एग्जामिनर को प्रभावित कर पाएंगे, बल्कि हाईएस्ट परसेंटेज प्राप्त करने में भी सफल होंगे।

ऊपर दिए गए इन टिप्स को अपनाकर छात्र कठिन से कठिन सवालों का जवाब बड़ी आसानी से दे सकते हैं। इतना ही नहीं छात्र अपने प्रत्येक प्रश्न का उत्तर तार्किक रूप से सही होने तथा उसके पूरी तरह सही होने की संभावना होने पर ही उत्तर दें, इससे अच्छे मार्क्स स्कोर करने की उम्मीद और अधिक बढ़ जाती है। इसलिए कैट एग्जाम

या मैनेजमेंट कॉलेज में एडमिशन लेने के लिए मैनेजमेंट कॉलेज द्वारा स्वतंत्र रूप से लिए जाने वाले टेस्ट देने से पहले ऊपर लिखी बातों पर अवश्य अमल करें। यकीन मानिए आपको 90% मार्क्स लाने से कोई नहीं रोक सकता। लेकिन इस बात का ध्यान रखें कि इस संदर्भ में बताये गए तथ्यों के मुताबिक प्रयास तो आपको करना ही पड़ेगा तभी बेहतरीन परिणाम पाने की उम्मीद आप कर सकते हैं।

जब छात्र कैट जैसे एग्जाम की तैयारी कर रहे होते हैं, तो उन्हें एक बात और ध्यान में रखना चाहिए वो है कि पिछले साल के प्रश्न पत्रों को अवश्य हल करना चाहिए। लेकिन छात्रों को यह पता नहीं होता कि उनको किस तरह से हल किया जाए? कभी कभी ऐसा देखने को मिलता है कि छात्र अपनी पुरानी रणनीति के तहत तैयारी करते करते बोर हो जाते हैं तथा उनका पढ़ने से मन उचटने लगता है या फिर तैयारी कुछ बोझिल-सी लगने लगती है। ऐसी स्थिति में छात्रों के परीक्षा की तैयारी पर नकारात्मक असर पड़ता है और जैसे-जैसे कैट परीक्षा की तारीख नजदीक आती-जाती है। छात्रों का परीक्षा में पूछे जाने वाले प्रश्नों को लेकर संदेह और गहराता चला जाता है।

लेकिन उस समय चिंता करने और प्रेशर में आने के बजाय अगर पिछले साल के प्रश्न पत्रों को हल करें तो इससे छात्रों को एक-साथ कई फायदे होंगे। जैसे कि, आपका आत्म विश्वास बढ़ेगा, आप एग्जाम टाइम मैनेजमेंट में एक्सपर्ट हो जायेंगे और अपनी एग्जाम प्रिपरेशन को अच्छी तरह परख सकेंगे। वस्तुतः प्रीवियस इयर्स एग्जाम पेपर्स में कैट एग्जाम का अधिकतम सिलेबस कवर हो जाता है इसलिए, छात्रों की एग्जाम प्रिपरेशन रीविजन भी अच्छी तरह हो जाती है और आप छात्र पैटर्न तथा क्वेश्चन फॉर्मेट को बहुत अच्छी तरह समझ जाते हैं।

यह बात तो लगभग सभी छात्रों को पता होता है कि कैट एग्जाम से कुछ दिन पहले का समय पूरे सिलेबस की रीविजन करने का समय होता है। ऐसे में छात्र अगर चाहें तो क्रैश कोर्स फॉर्मेट में भी अपनी तैयारी कर सकते हैं। जब परीक्षा शुरू होने में कुछ ही दिन बचे हों तो छात्र के लिए पूरे कैट एग्जाम सिलेबस की रीविजन करना काफी चुनौतीपूर्ण और कठिन काम होता है। लेकिन पूरे सिलेबस की रीविजन सभी परीक्षाओं की तैयारी का काफी महत्त्वपूर्ण हिस्सा होता है। कैट एग्जाम एक्सपर्ट्स द्वारा बताई गई कई अलग-अलग रीविजन स्ट्रेटेजीज में से सबसे आसान और सबसे प्रभावी स्ट्रेटेजी है पिछले साल के प्रश्न पत्रों को हल करके कैट एग्जाम के पूरे कोर्स या सिलेबस की रीविजन करना। सिलेबस के रीविजन से छात्रों को जो लाभ होते हैं उसमें से कुछ को आगे बताने की कोशिश की गई है।

छात्रों के लिए यह जानना जरूरी है कि अब कैट एग्जाम के पैटर्न में बदलाव हो चुके हैं लेकिन, कैट एग्जाम के सिलेबस में बिलकुल मामूली से बदलाव हुए हैं अर्थात् आने वाले कैट एग्जाम में पूछे जाने वाले अधिकतर प्रश्न का फॉर्मेट आमतौर पर पिछले कुछ वर्षों में पूछे जाने वाले प्रश्नों की तरह ही होगा। हर वर्ष क्वेश्चन पेपर्स में पूछे गए प्रश्न नए फॉर्मेट को कवर करते हैं। इसलिए छात्रों को अपना पूरा सिलेबस कवर करने के लिए पिछले वर्ष के प्रश्न पत्रों को हल जरूर करना चाहिए।

सिलेबस के हर हिस्से से प्रश्न पूछे गए होते हैं

इतना ही नहीं पिछले साल के प्रश्न पत्रों में क्वांटीटेटिव एबिलिटी, डाटा इंटरप्रिटेशन और लॉजिकल रीजनिंग के साथ-साथ वर्बल एबिलिटी के सभी तीन सेक्शंस के प्रश्न भी शामिल होते हैं। ये प्रश्न अलग-अलग फॉर्मेट्स को कवर करते हैं जिससे छात्र आसानी से कैट एग्जाम में इनके आधार पर पूछे गए प्रश्नों को हल कर सकते हैं।

परीक्षा में समय प्रबंधन (टाइम मैनेजमेंट) में सहयोगी

ये सभी जानते हैं कि कैट एग्जाम को क्रैक करने में टाइम मैनेजमेंट का महत्त्वपूर्ण भूमिका होता है। अब तो सेक्शनल टाइम लिमिट के लागू हो जाने से तो टाइम मैनेजमेंट और भी ज्यादा महत्त्वपूर्ण हो गया है। निर्धारित समय सीमा के भीतर क्वेश्चन पेपर को सॉल्व करने की क्षमता का विकास करने के लिए एकमात्र उपाय यही है कि छात्र पिछले साल के प्रश्न पत्रों को निर्धारित समय में हल करने की पूरी कोशिश करें। इससे एक तो छात्रों में समय रहते सभी प्रश्नों को हल करने की क्षमता का विकास होगा और इसके साथ ही छात्र यह भी जान पाएंगे कि, किन-किन प्रश्नों और किस-किस सेक्शन में उनको ज्यादा समय लग रहा है? इससे समय रहते छात्र इसमें सुधार कर सकते हैं।

एक्यूरेसी में वृद्धि

एमबीए एग्जाम्स विशेषकर कैट एग्जाम में निगेटिव मार्किंग की वजह से उत्तर देते समय स्पीड के साथ-साथ छात्रों के लिए एक्यूरेसी का भी ध्यान रखना जरूरी है। अधिक से अधिक प्रश्नों को हल करने के लिए स्पीड तो चाहिए ही लेकिन, स्पीड के साथ साथ प्रश्नों के अधिकतर उत्तर सही भी होने चाहिए, तभी छात्र निगेटिव मार्किंग से बच पाएंगे। पिछले कुछ वर्षों के आंकड़ों को देखें तो साबित हुआ है कि पिछले साल के कैट एग्जाम के प्रश्न पत्र हल करने से छात्रों के प्रश्नों को हल करने की स्पीड और एक्यूरेसी में सुधार होता है।

परीक्षा की तैयारी का सही आकलन

कई एमबीए अक्सर अभ्यर्थी मॉक टेस्ट और सैम्पल पेपर में अपने प्रदर्शन के आधार पर ओवर-कॉन्फिडेंट हो जाते हैं लेकिन वे भूल जाते हैं कि वास्तविक कैट एग्जाम में पूछे जाने वाले प्रश्न का लेवल और फॉर्मेट बहुत अलग और कठिन होते है। इसलिए अपनी कैट एग्जाम की तैयारी का मूल्यांकन करने के लिए छात्र पिछले साल के प्रश्नों को हल करने की क्षमता के आधार पर अपना मूल्यांकन करके अपनी सफलता का अंदाज स्वयं लगा सकते हैं।

आत्मविश्वास में बढ़ोत्तरी

कैट एग्जाम के एक दिन पहले तो अधिकांश छात्र नर्वस हो जाते हैं। अपने एग्जाम की काफी अच्छी तैयारी करने के बावजूद भी छात्रों में आत्मविश्वास की कमी दिखती है। ये बात तो सर्वविदित है कि किसी भी एग्जाम को क्रैक करने के लिए आत्मविश्वास सबसे ज्यादा जरूरी है। अपनी नर्वस-नेस में छात्र ऐसे प्रश्नों के भी गलत उत्तर मार्क कर देते हैं जिन प्रश्नों के सही उत्तर उन्हें अच्छी तरह आते हैं। लेकिन पिछले साल के प्रश्नों को हल करने से छात्र का आत्मविश्वास बढ़ता है तथा उन्हें इस बात का पता चल जाता है कि कितने समय में किस तरह के प्रश्न हल करने हैं? इतना ही नहीं पिछले वर्ष के प्रश्न पत्र से छात्र अपने कमजोर पक्ष को जानकर समय रहते उसकी पूरी तैयारी भी कर सकते हैं। इस साल पेपर में वे कैसा प्रदर्शन कर पाएंगे इसका अंदाजा भी छात्र को हो जाता है। इसलिए इम्यूनो बूस्टर की तरह ही पिछले साल के प्रश्नों को हल करने का कार्य भी छात्र के लिए एक कॉन्फिडेंस बूस्टर की तरह काम करता है।

ये कुछ आसान तरीके हैं जिनमें छात्र पिछले साल के प्रश्न पत्रों का बेहतरीन उपयोग करते हुए अपने कैट एग्जाम के पूरे सिलेबस को रिवाइज कर सकते हैं।

कैट के सिलेबस में एक सेक्शन क्वांटिटेटिव एप्टीट्यूड का होता है। अधिकतर छात्रों को इस सेक्शन को हल करने में कठिनाई होती है। अगर छात्र शुरू से ही कुछ विशेष बातों को ध्यान में रखते हुए सावधानी के साथ तथ्यों को समझते हुए इस सेक्शन की तैयारी करें तो इस सेक्शन में बेहतर मार्क्स पाकर अपनी सफलता को सुनिश्चित कर सकते हैं।

कैट एग्जाम के क्वांटिटेटिव एप्टीट्यूड सेक्शन को हल करने के कुछ कारगर उपाय अगर छात्र किसी एक्सपर्ट से कैट एग्जाम को क्रैक करने के लिए क्वांटिटेटिव एप्टीट्यूड को हल करने का कारगर तरीका अच्छी तरह समझ लें तो वो निश्चित रूप से कैट एग्जाम में सफलता हासिल कर लेंगे।

अगर हम एमबीए कैट एग्जाम को क्रैक करने की बात करें तो बहुत सारे फॉर्मूलाज और शॉर्टकट्स ऐसे भी होते हैं जिनकी जानकारी अगर छात्र को हो जाए तो वे निःसंदेह अपने किसी भी एमबीए एंट्रेंस एग्जाम में आसानी से कामयाब हो सकते हैं। छात्र की सुविधा के लिए नीचे कुछ सुझाव दिए जा रहे हैं। अगर छात्र इन सभी सुझावों पर अच्छी तरह विचार करें तो वे किसी भी एग्जाम में क्वांटिटेटिव एप्टीट्यूड के प्रश्नों को बड़ी आसानी से हल कर सकते हैं।

अधिकांश छात्र ऑनलाइन कैट कोचिंग कोर्स में क्वांटिटेटिव एप्टीट्यूड के लिए ही एडमिशन लेते हैं या फिर इससे जुड़े कोई अन्य कोर्स करते हैं। अगर छात्र नीचे दिए गये छोटी-छोटी किन्तु अति महत्त्वपूर्ण बातों पर ध्यान दें तो वे आसानी से अपने लक्ष्य को हासिल करने में सक्षम हो पायेंगे।

किसी भी शीर्षक (टॉपिक) को नजरअंदाज न करें

कई छात्र अक्सर अपने नापसंद विषयों या टॉपिक को छोड़ देते हैं। कुछ छात्रों को ज्योमेट्री पसंद नहीं होती तो कुछ को परमुटेशन, कंबिनेशन और प्रोबेबिलिटी में प्रॉब्लम होती है। कैट एग्जाम देने वाले छात्र इसका सबसे आसान तरीका यह समझते हैं, मुश्किल या अरुचिकर प्रश्नों को छोड़ दिया जाये क्योंकि इन विषयों पर पूछे जाने वाले प्रश्नों की संख्या बहुत कम होती है। उदाहरण के लिए प्रोबेबिलिटी पर कभी कभी एक ही प्रश्न पूछा जाता है तो कभी कभी इस विषय से एक भी प्रश्न नहीं पूछा जाता है। लेकिन क्या आप किसी सेक्शन या टॉपिक में कम्फर्टेबल नहीं है तो सेक्शन या टॉपिक को छोड़ देना सही है? सोचिये। हरगिज नहीं!

छात्र को किसी भी सेक्शन या टॉपिक को छोड़ना नहीं चाहिए। इसका सबसे प्रमुख कारण यह है कि आपको यह नहीं पता होता है कि एग्जाम में उस टॉपिक से जुड़े कठिन या आसान किस तरह के प्रश्न पूछे जाएंगे? अगर आपने कोई टॉपिक छोड़ दिया है और उस टॉपिक से आसान प्रश्न पूछे गए हों तो भी आप उसका उत्तर नहीं दे पायेंगे और इसमें आपकी ही हानि है क्योंकि हो सकता है कि अपेक्षाकृत अधिकतर छात्रों ने ऐसे प्रश्न हल किये हों और ऐसी स्थिति में उनके मार्क्स आपसे अधिक हो सकते हैं। कैट एग्जाम में आप ऐसे कुछ आसान प्रश्नों का जवाब एक मिनट से भी कम समय में दे सकते थे, लेकिन उन्हें छोड़ना आपके फाइनल रिजल्ट पर बुरा असर डालेगा। दरअसल, एग्जाम दिए बिना आप इस बात का अंदाजा नहीं लगा सकते हैं कि आप जिस सेक्शन या विषय में कम्फर्टेबल नहीं हैं, उसमें से कठिन प्रश्न पूछे जाएंगे या आसान प्रश्न।

इसलिए, छात्रों को प्रत्येक विषय की तैयारी समग्र रूप से करनी चाहिए, ताकि वे कम से कम एग्जाम में पूछे गए आसान प्रश्नों को तो हल कर ही लें। इसलिए छात्र को क्वांटिटेटिव एप्टीट्यूड की तैयारी करते समय किसी भी विषय को छोड़ना नहीं चाहिए। जहां तक संभव हो, कैट एग्जाम के सभी मूलभूत तथ्यों (बेसिक्स)की जानकारी अवश्य रखें ताकि परीक्षा में पूछे जाने वाले लगभग सभी प्रश्नों का सही उत्तर दे पायें।

भ्रमित न हों (पागलगाय, फेसबुक ग्रुप, व्हट्सएप, ट्विटर)

कैट की तैयारी करने वाले अधिकतर छात्र फेसबुक, व्हट्सएप, ट्विटर जैसे सोशल मीडिया टूल्स तथा पागलगाय जैसे इंटरैक्शन फोरम पर यूजर्स द्वारा भेजे गए सामग्रियों की वजह से कई बार काफी संदेह ग्रस्त हो जाते हैं तथा वे निर्णय ही नहीं कर पाते हैं कि कौन-सी सामग्री उनके लिए उपयोगी तथा प्रमाणिक है? पहले तो यह डिस्कशन सिर्फ कुछ प्लेटफार्म तक ही सीमित था लेकिन, जब से व्हट्सएप आया है तो यह डिस्कशन और आसान हो गया है और हर कोई कुछ न कुछ जानकारी ग्रुप या फ्रेंड्स को भेज देता है। ऐसे में, सही और प्रमाणिक तथ्य को समझना मुश्किल हो जाता है और इससे अधिकतर छात्र का नुकसान ही होता है। दरअसल ऐसे टूल्स आमतौर पर छात्र को नुकसान ही पहुंचाते हैं। कभी-कभी यूजर्स को ऐसा लगता है कि वे तो अपने कोर्स से सम्बन्धित मटीरियल ही पढ़ रहे हैं लेकिन, वास्तव में वे अपना समय बर्बाद कर रहे होते हैं क्योंकि वे सारे तथ्य या विषयवस्तु कैट एग्जाम के लिए प्रासंगिक नहीं होते हैं। इस दौरान छात्र से कभी भी क्वांटिटेटिव एप्टीट्यूड से जुड़े ऐसे प्रश्न, जो 10वीं क्लास के थियोरम्स पर आधारित नहीं हों, कभी नहीं पूछे जाते हैं। क्वांटिटेटिव एप्टीट्यूड से जुड़े थियोरम्स सम्बन्धी प्रश्न हमेशा 10वीं या 12वीं क्लास में पढ़ाये गए थियोरम्स पर ही आधारित होते हैं जिन्हें हल करने में 2-3 मिनट से अधिक समय नहीं लगता है। कैट एग्जाम में अच्छा परफॉर्म करने के लिए यह बेहतर होगा कि छात्र सोशल मीडिया तथा इंटरैक्शन फोरम्स का कम से कम इस्तेमाल करें।

ज्यादातर कोचिंग इंस्टीट्यूट या ऑनलाइन ट्यूटर ग्रुप नंबर सिस्टम, परमुटेशन और कंबिनेशन तथा प्रोबेबिलिटी से जुड़े तथ्य या सामग्री अपने प्रचार प्रसार के लिए या फिर, कभी-कभी दिखावे के लिए ग्रुप में या सोशल मीडिया पर डालते हैं। इनका महत्त्व सिर्फ छात्रों के संदेह दूर करने तक ही सीमित हैं। तथ्यों को सीखने और समझने के लिए ये फोरम बिलकुल सही नहीं होते। अगर सच पूछा जाए तो सिर्फ 1% छात्र के लिए, जिन्होंने अपनी पूरी तैयारी कर ली है और जिन्हें सभी टॉपिक या विषय पता है, ये टूल्स अभ्यास के लिए सही हैं लेकिन बाकी 99% छात्रों के लिए ये एकमात्र भटकाव का ही एक साधन विशेष है।

ज्यामिति और बीजगणित (ज्योमेट्री और अलजबरा, फंक्शन्स) पर ज्यादा फोकस करें

क्वांटिटेटिव एप्टीट्यूड सेक्शन में बहुत सारे छात्र कैट सिलेबस में दिए गए टॉपिक्स के मुताबिक तैयारी नहीं करते हैं। हम आपको नीचे यह बताने की कोशिश कर रहे हैं कि टॉपिक वाइज किस टॉपिक से कितने प्रश्न पूछे जाते हैं? कैट एग्जाम के क्वांटिटेटिव एप्टीट्यूड सेक्शन में कुल 34 प्रश्न पूछे जाते हैं जिनका विवरण इस प्रकार है:

नंबर सिस्टम : 5-6 प्रश्न

अर्थमैटिक : 6-7 प्रश्न

अलजबरा : 8-9 प्रश्न

ज्योमेट्री : 8-9 प्रश्न

मॉडर्न मैथ्स : 5-6 प्रश्न

ऊपर छात्र स्पष्ट रूप से देख सकते हैं कि क्वांटिटेटिव एप्टीट्यूड सेक्शन में अधिकतर प्रश्न ज्योमेट्री तथा अलजबरा से पूछे जाते हैं। कैट एग्जाम में पूछे जाने वाले अधिकतर सब-टॉपिक्स भी ज्योमेट्री तथा अलजबरा से ही संबंधित होते हैं।

अलजबरा में अधिकतर प्रश्न फंक्शंस के बेसिक एप्लीकेशन्स पर आधारित होते हैं जबकि अधिकतर ज्योमेट्री प्रश्न ट्रायंगल और सर्कल जैसे 2-डी ज्योमेट्री विषयों पर आधारित होते हैं। यदि छात्र इनमें से कुछ में भी महारत हासिल कर लेते हैं, तो कैट एग्जाम के क्वांटिटेटिव एप्टीट्यूड सेक्शन में अच्छा स्कोर कर सकते हैं। इसलिए अगली बार जब छात्र किसी फैक्टोरियल प्रश्न के सबसे सही नॉन-जीरो डिजिट का पता लगाने के लिए फॉर्मूला सीखने की कोशिश कर रहे हों तो फंक्शन्स से सम्बंधित कुछ प्रश्न की प्रैक्टिस करने की कोशिश अवश्य करें।

ऐसा करने पर छात्रों को क्वांटिटेटिव एप्टीट्यूड सेक्शन के प्रश्नों को हल करने में आसानी होगी तथा परीक्षा में वे इस सेक्शन में बेहतरीन प्रदर्शन कर पाएंगे।

कैट परीक्षा में बेहतरीन मार्क्स पाने के लिए टाइम मैनेजमेंट का तरीका

दुनिया के अन्य सभी कामों की तरह ही अब कैट एग्जाम में शानदार सफलता हासिल करने के लिए छात्रों को एग्जाम के दौरान सटीक टाइम मैनेजमेंट की कला आनी चाहिए। आगे कुछ कारगर टाइम मैनेजमेंट टिप्स दिए जा रहे हैं ताकि छात्र कैट एग्जाम में बेहतरीन मार्क्स हासिल कर सके।

आज के समय में कैट एग्जाम में लागू किया गया सेक्शनल टाइम लिमिट काफी चुनौतीपूर्ण मॉडिफिकेशन है। इस वजह से कैट एग्जाम देश के अन्य सभी एमबीए एंट्रेंस एग्जाम्स से मुश्किल हो गया है। कुछ अभ्यर्थियों ने इस कदम का स्वागत किया है लेकिन कुछ अन्य अभ्यर्थियों का कहना है कि इससे छात्रों को परेशानी होगी और कैट एग्जाम के माध्यम से किसी अच्छे बी-स्कूल में एडमिशन पाना काफी मुश्किल हो जायेगा।

कैट परीक्षा के प्रश्न पत्र के फॉर्मेट में तीन सेक्शन होते हैं और हरेक सेक्शन में 30 से 35 प्रश्न शामिल होते हैं।

कैट की परीक्षा में आने वाले क्वेश्चन पेपर में अगले सेक्शन में जाने से पहले किसी विशेष सेक्शन में लगभग 30 प्रश्नों का उत्तर देने के लिए अभ्यर्थी के पास 60 मिनट का समय निर्धारित होता हैं।

ऐसे में, अगर हम बेसिक मैथ पर विचार करते हैं तो अभ्यर्थी को एक प्रश्न हल करने के लिए लगभग 2 मिनट का समय मिलता है। वास्तव में यह छात्रों के लिए एक चुनौतीपूर्ण कार्य होता है तथा इससे कैट एग्जाम का डिफिकल्टी लेवल (प्रश्न पत्र के कठिनाई का स्तर) भी बढ़ सकता है।

आमतौर पर अभ्यासरत, अनुभवी और मेहनती छात्र को भी प्रत्येक प्रश्न का उत्तर देने के लिए 3-4 मिनट की आवश्यकता होती है।

वस्तुत: सेक्शनल टाइम लिमिट एक लिमिटेशन की तरह लगता है लेकिन अगर सही मायने में देखा जाये तो यह सभी एमबीए अभ्यर्थियों के लिए एक वरदान है। कैट परीक्षार्थियों द्वारा खुद को भविष्य के बिजनेस लीडर्स के रूप में तैयार करने की दिशा में यह चुनौती बहुत मददगार साबित हो सकती है। इसलिए इस चुनौती का सामना करने के लिए कारगर टाइम मैनेजमेंट की बहुत जरूरत है।

सेक्शनल टाइम लिमिट का यथा संभव लाभ उठायें

अगर अभ्यर्थी ऐसा सोच रहे हों कि वे किस प्रश्न का उत्तर दे सकते हैं, या उसका उत्तर कब दें आदि चुनने की उनकी स्वतंत्रता पर सेक्शनल टाइम लिमिट अनावश्यक प्रतिबन्ध लगाता है तो यह बिलकुल गलत है। पहले के फॉर्मेट में कैंडिडेट्स बिना किसी समय सीमा के एक सेक्शन से दूसरे सेक्शन में जाकर उस सेक्शन के प्रश्न को हल करने लगते थे। इस प्रक्रिया में कई अभ्यर्थी नये सेक्शन को समझने तथा उसके प्रश्नों को हल करने में ज्यादा समय लेकर अपना समय बरबाद कर देते थे। वास्तव में, वे इतने समय में और अधिक प्रश्नों को हल कर सकते थे।

कैट एग्जाम में फ्रीडम ऑफ चॉइस (चयन की स्वतंत्रता) हटाने के लिए सेक्शनल टाइम लिमिट को लागू करने से अभ्यर्थियों का एक तरह से भला ही हुआ है।

इस समय के कैट एग्जाम का फॉर्मेट बहुत सिंपल है जिसमें 30+ प्रश्नों के जवाब देने के लिए अभ्यर्थियों को एक घंटा दिया जाता है। इसलिए, 'इस पूरे एग्जाम को तीन घंटे में पूरा करना है' कुछ ऐसा सोचने की बजाय अभ्यर्थियों को यह सोचना चाहिए कि हमें हरेक सेक्शन को 1 घंटा में पूरा करना है।

कैट परीक्षा फॉर्मेट के संबंध में ध्यान रखने योग्य एक और महत्त्वपूर्ण बात है इसमें हल किये जाने वाले प्रश्नों की संख्या।

निगेटिव मार्किंग के कारण अभ्यर्थियों के लिए यह महत्त्वपूर्ण है कि वे सही उत्तरों पर अपना पूरा फोकस रखें। हल किए गए प्रश्नों की संख्या के बजाय यदि छात्र इसे कुछ इस तरह देखें तो आसानी होगी। औसतन अभ्यर्थी सिर्फ 20 प्रश्नों का सही उत्तर दे पाएंगे। इस बात को ध्यान में रखा जाए तो अभ्यर्थी को हरेक प्रश्न के लिए औसतन 3-4 मिनट का समय मिलेगा जो कि सटीक समय है। यदि छात्र सेक्शनल टाइम लिमिट के भीतर 1 घंटे में एक सेक्शन से 20 से 22 प्रश्नों का आसानी से जवाब देने में सक्षम हों तो वे इस एग्जाम में 98 या 99 प्रतिशत स्कोर आसानी से हासिल कर सकते हैं।

वस्तुनिष्ठ प्रश्नों के अलावा (नॉन एमसी क्यू) अन्य प्रश्नों के लिए निगेटिव मार्किंग नहीं होती इसलिए उनके उत्तर अवश्य दें।

अभ्यर्थियों के लिए कैट की परीक्षा में अपना समय बेहतर तरीके से मैनेज करने का यह एक और बेहतरीन तरीका है कि पहले उन प्रश्नों के उत्तर दें जिनके लिए निगेटिव मार्किंग नहीं की जाती है। कैट फॉर्मेट में प्रत्येक सेक्शन में एमसीक्यू और नॉन-एमसीक्यू प्रश्न पूछे जाते हैं। आमतौर पर नॉन-एमसीक्यू प्रश्नों के लिए निगेटिव मार्किंग नहीं की जाती है तथा कॉन्सेप्ट पर पकड़ होने के कारण ऐसे प्रश्नों का उत्तर देना अपेक्षाकृत आसान होता है। इसलिए इसे सुरक्षित माना जा सकता है।

अभ्यर्थियों को सबसे पहले अपनी रुचि के विषयों से जुड़े या किसी अन्य आधार पर पूछे गए ऐसे नॉन-एमसीक्यू प्रश्नों को चुनना चाहिए, जिन्हें वे पहले हल करने में सक्षम हों। एक बार जब अभ्यर्थी ऐसे प्रश्नों के समुचित उत्तर लिख लें, तब एमसी क्यू (वस्तुनिष्ठ) प्रश्नों को हल करने की कोशिश करें और उनमें से प्रत्येक प्रश्न के लिए समय सीमा निर्धारित करें। इसमें भी सबसे पहले आसान प्रश्नों को हल करें फिर मुश्किल प्रश्नों को हल करने की कोशिश करें।

अधिक देर तक धैर्य के साथ बैठने का अभ्यास

आमतौर पर, कैट परीक्षा की तैयारी कर रहे छात्रों अथवा अभ्यर्थियों को शॉर्ट स्टडी

सेशन में पढ़ने की आदत होती है। एमबीए के अभ्यर्थियों से कोचिंग इंस्ट्रक्टर्स समेत लगभग अन्य सभी लोग शॉर्ट स्टडी सेशन्स को फॉलो करने की सिफारिश करते हैं। लेकिन यह तरीका तैयारी के शुरूआती दिनों में तो लाभदायक होता है परंतु कैट एग्जाम के समय में इससे गंभीर समस्या उत्पन्न हो सकती है।

दरअसल, कैट का एग्जाम देते समय अभ्यर्थियों को लगातार तीन घंटे तक अपना पूरा एग्जाम देना होता है। जबकि अधिकतर कैट के परीक्षार्थियों को इसकी आदत नहीं होती है। ऐसे में, अभ्यर्थियों के लिए अपने दिमाग पर कठिन से कठिन सवालों को हल करने के लिए जोर डालना काफी मुश्किल साबित हो सकता है और यह बहुत हद तक परीक्षा के परिणाम को प्रभावित कर सकता है।

इसका सबसे सरल समाधान यह है कि कैट एग्जाम के अभ्यर्थी अधिक देर तक धैर्य के साथ बैठने के अतिरिक्त पिछले कुछ वर्षों के प्रश्न पत्र या सैंपल पेपर्स सेक्शनल टाइम लिमिट के भीतर 3 घंटे में पूरा करने की कोशिश करें। ऐसा करने पर कैट एग्जाम में शानदार सफलता हासिल करने की काफी अधिक संभावना बढ़ जाती है। कैट एग्जाम में सफलता हासिल करने हेतु कुछ उपयोगी पुस्तकें।

कई बार छात्र इस उलझन में पड़ जाते हैं कि कैट एंट्रेंस एग्जाम पास करने के लिए अपनी तैयारी कैसे करें और कौन-सी किताबें पढ़ें?

किताबों में पूरी दुनिया के ज्ञान का खज़ाना भरा है और अच्छी किताबों को हमेशा अपने पास रखना संभव होता है। यात्रा के दौरान भी इन्हें आसानी से अपने साथ ले जाया जा सकता है। संदर्भ पुस्तकों के रूप में छात्र इन्हें हमेशा अपने पास रख सकते हैं और जब भी समय हो, वे ये किताबें पढ़ सकते हैं। छात्र अच्छी किताबों के दम पर बड़े से बड़ा एग्जाम बड़ी आसानी से और शत-प्रतिशत मार्क्स लेकर पास कर सकते हैं। अब जब छात्र भारत में एमबीए के सबसे मुश्किल और महत्त्वपूर्ण कैट एग्जाम्स देने की तैयारी कर रहे हों तो यह उनके लिए बहुत जरूरी है कि वे ऐसी किताबों से कैट एग्जाम के लिए अपनी तैयारी करें जिन्हें पढ़कर उनकी सफलता सुनिश्चित हो सके और वे मनचाहे आईआईएम या किसी अन्य सुप्रसिद्ध एजुकेशनल इंस्टीट्यूट/विश्वविद्यालय से अपना एमबीए प्रोग्राम कर सकें। यह भी सच है कि कैट एग्जाम सिलेबस के मुताबिक सही और सटीक किताबें पढ़ने से कैट एग्जाम में शत-प्रतिशत मार्क्स हासिल किया जा सकता है।

छात्रों की सहूलियत के लिए कैट एग्जाम की तैयारी में मदद करने वाली कुछ महत्त्वपूर्ण किताबों की जानकारी और किस किताब के किस सेक्शन से किस तरह के तथा कितने सवाल पूछे जाते हैं, इसकी सही जानकारी प्रदान करने के लिए पहले पूछे

जाने वाले प्रश्नों के विवरण तथा उसके बाद उससे जुड़े किताबों का वर्णन हम आगे कर रहे हैं। इन किताबों की मदद से छात्र अपने एग्जाम की तैयारी को सम्पूर्ण रूप देकर उच्चतम स्कोर प्राप्त कर सकते हैं। लेकिन इन किताबों के विषय में जानने से पहले हमें कैट एग्जाम के पैटर्न के विषय में भी जान लेना चाहिए।

कैट एग्जाम पैटर्न

पिछले वर्ष के एग्जाम पैटर्न के आधार पर कैट एग्जाम का संभावित स्ट्रक्चर

क्रम संख्या	कैट एग्जाम	विस्तृत विवरण
1.	प्रश्नों की संख्या	3 (वर्बल एबिलिटी और रीडिंग कॉम्प्रिहेंशन, डेटा इंटरप्रिटेशन और लॉजिकल रीजनिंग और क्वांटिटेटिव एबिलिटी)
2.	परीक्षा का प्रारूप	कंप्यूटर आधारित परीक्षा (ऑनलाइन)
3.	निर्धारित समय	180 मिनट (सेक्शनल टाइम लिमिट, प्रत्येक सेक्शन के लिए 60 मिनट)
4.	प्रश्नों की संख्या	100
5.	उत्तर विकल्पों की संख्या	4
6.	कुल अंक	300
7.	प्रति प्रश्न निर्धारित अंक	प्रत्येक प्रश्न के लिए 3 अंक
8.	निगेटिव मार्किंग	एक गलत उत्तर के एक अंक घटाया जाता है। जो प्रश्न हल नहीं किये जाते हैं उनके लिए अंक नहीं काटे जाते हैं।

कैट 2020 परीक्षा पैटर्न- अनुभागीय समय सीमा (सेक्शनल टाइम लिमिट)

कैट परीक्षा में उम्मीदवारों को कुल 180 मिनट में अपने प्रश्न पत्र को हल करना होता है। लेकिन उम्मीदवारों को एक निर्धारित समय सीमा के अंदर ही हर सेक्शन के प्रश्नों को हल करना होता है। प्रत्येक सेक्शन के लिए एक निश्चित समय सीमा निर्धारित होती है।

इसका सामान्य अर्थ यह है कि कोई उम्मीदवार VARC, DILR या QA अनुभाग को हल करने का विकल्प नहीं चुन सकता है। जो भी सेक्शन पहले आता है, उसे पहले उस विशेष सेक्शन को हल करने के लिए 60 मिनट का समय मिलेगा। इस

सेक्शन को हल करने के बाद ही, वह अन्य दो सेक्शंस को हल करने के लिए आगे बढ़ सकता है।

अनुभागीय समय सीमा उम्मीदवारों को एक सेक्शन से दूसरे सेक्शन में जाने पर प्रतिबन्ध लगाता है। कैट परीक्षा में सामान्यत: वर्बल एबिलिटी और रीडिंग कॉम्प्रिहेंशन हल करने वाला पहला सेक्शन होता है, इसके बाद डेटा इंटरप्रिटेशन और लॉजिकल रीजनिंग आता है और अंत में क्वांटिटेटिव एप्टीट्यूड आता है। इसलिए उम्मीदवारों को प्रत्येक सेक्शन को हल करने के लिए 60 मिनट यानि एक घंटे का समय मिलता है। समय समाप्त होने के बाद, छात्र स्वचालित रूप से अगले भाग के प्रश्नों को हल कर सकते हैं।

कैट परीक्षा पैटर्न में बदलाव

परीक्षा में पूछे जाने वाले प्रश्नों की संख्या से संबंधित विवरण कैट के संयोजक द्वारा साझा नहीं किए जाते हैं। वैसे पिछले वर्ष के परीक्षा पैटर्न से देख लेने से, उम्मीदवार प्रश्नों की संख्या का अनुमान लगा सकते हैं। कैट परीक्षा 2019 के आधार पर हम सेक्शन वाइज पूछे गए प्रश्नों की संख्या का आकलन कर सकते हैं।

सेक्शन	प्रश्नों की कुल संख्या	एमसीक्यू प्रश्नों की संख्या	नॉन एम सीक्यू प्रश्नों की संख्या
डेटा इंटर प्रिटेशन और लॉजिकल रीजनिंग	32	22	10
वर्बल एबिलिटी रीडिंग कम्प्रिहेंशन	34	24	10
क्वांट	34	23	11
कुल	100	69	31

कैट एग्जाम में पूछे जाने वाले एमसीक्यू और नॉन एमसीक्यू प्रश्नों का अनुपात

कैट परीक्षा प्रारूप में किये गए सबसे बड़े परिवर्तनों में से एक महत्त्वपूर्ण परिवर्तन है। नॉन एमसीक्यू या टीआईटीए प्रश्नों की संख्या में बहुत कमी की गयी है। गैर एमसीक्यू वर्णनात्मक प्रकार के प्रश्न होते हैं तथा इनके लिए निगेटिव मार्किंग का प्रावधान नहीं होता है। पिछले वर्षों में पूछे गए प्रश्नों के आधार पर इसका सही आकलन किया जा सकता है।

कैट परीक्षा	2019	2018	2017	2016	2015
कुल नॉन एमसीक्यू प्रश्नों की संख्या	31	27	19	25	28
नॉन एमसीक्यू प्रश्न (वर्बल एबिलिटी रीडिंग कम्प्रिहेंशन)	10	7	10	10	10
नॉन एमसीक्यू प्रश्न (डेटा इंटर प्रिटेशन और लॉजिकल रीजनिंग)	10	8	4	8	8
नॉन एमसीक्यू प्रश्न (क्वांट)	11	12	5	7	10

कैट एग्जाम का सिलेबस

इस एग्जाम में वर्बल एबिलिटी और रीडिंग कॉम्प्रिहेंसन सेक्शन से 24 मल्टिपल च्वाइस प्रश्न तथा 10 नॉन मल्टिपल च्वाइस प्रश्न आम तौर पर पूछे जाते हैं। इस सेक्शन में नीचे दिए गए विषयों से प्रश्न पूछे जाते हैं।

- Grammar (ग्रामर)
- Fact inference judgment (फैक्ट इन्फेरेंस जजमेंट)
- Fill in the blanks (फिल इन द ब्लैंक्स)
- Para completion (पारा कप्लिशन, अनुच्छेद को पूरा करें)
- Para jumble (पारा जम्बल)
- Sentence correction (वाक्यों को सही करना)
- Verbal reasoning (वर्बल रीजनिंग)
- Word usage (वर्ड उसेज)
- Idioms (इडियम्स)
- Analogies (एनालॉजी)
- Data interpretation and logical reasoning (डेटा इंटरप्रिटेशन एंड लॉजिकल रीजनिंग)

डेटा इंटरप्रिटेशन और लॉजिकल रीजनिंग सेक्शन में 27 एमसीक्यू और 7 नॉन एमसीक्यू प्रश्न पूछे जाते हैं। इस सेक्शन में मुख्यत: निम्नांकित बिन्दुओं को कवर किया जाता है।

- Bar (बार)
- Graph combination of suffiency, line graph, pie, charts, tables, (ग्राफ कॉम्बिनेशन ऑफ सफिएंसी, लाइन ग्राफ, पाई, चार्ट, टेबल)

- Logical reasoning (लॉजिकल रीजनिंग)
- Blood relation (ब्लड रिलेशन)
- Binary logic (बाइनरी लॉजिक)
- Clocks and calendar (क्लॉक एंड कैलेण्डर)
- Assumptions (एजम्पसन)
- Constraint based puzzles (कांस्ट्रेंट बेस्ड पजल)

क्वांटिटेटिव एबिलिटी सेक्शन में गणित के प्रश्न पूछे जाते हैं। इसमें कुल 24 एमसीक्यू तथा 8 नॉन एमसीक्यू प्रश्न पूछे जाते हैं। इस सेक्शन में गणित के निम्नांकित क्षेत्रों से प्रश्न पूछे जाते हैं।

अर्थमेटिक

नंबर सिस्टम एचसीएफ, एलसीएम, रेशियो एंड प्रोपोर्शन, परसेंटेज, एवरेज, एज कैलकुलेशन, टाइम, वर्क, डिस्टेंस।

अलजबरा

थियरी ऑफ इक्वेशंस, क्वाड्रेटिक इक्वेशंस, परमुटेशन एंड कॉम्बिनेशन, सिक्वेंस एंड सीरिज अलजबरा।

जियोमेट्री

ज्योमेट्री गणित की सबसे कठिन शाखा मानी जाती है। ज्योमेट्री से जुड़े विषयों का अभ्यास निरंतर करने की जरूरत होती है तभी इस सेक्शन में अच्छे मार्क्स लाये जा सकते हैं। ज्योमेट्री में मुख्यतः एंगल्स, लाइंस, ट्राएंगल तथा सर्कल आदि का अध्ययन करना होता है।

मेंसुरेशन

इसके अंतर्गत निम्नांकित विषयों को कवर किया जाता है।

एरिया एंड वोल्युम्स- रेक्टेंगल, स्क्वायर, सर्कल, क्यूब, कोन, स्फेयर, पाइप एंड सिस्टर्न

कैलकुलस मैक्सिमा एंड मिनिमा, फंक्शन ट्रिगोनोमेट्री, ट्रिगोनोमेट्रिक रेशियों, हाइट्स अंड डिस्टेंस।

छात्रों की जानकारी के लिए बता दें कि हर साल इस परीक्षा में लगभग 2 लाख उम्मीदवार कैट एग्जाम में शामिल होते हैं। इसमें शामिल होने के लिए उम्मीदवारों को सबसे पहले ऑनलाइन माध्यम से आवेदन प्रक्रिया पूर्ण करनी होती है। जो उम्मीदवार पूर्ण जानकारी एवं आवेदन फीस के साथ आवेदन करते हैं केवल वे ही परीक्षा में शामिल हो सकते हैं। कॉमन एडमिशन टेस्ट से जुड़ी महत्त्वपूर्ण संभावित तिथियों की जानकारी के लिए उम्मीदवार नीचे दी गई तालिका से बहुत हद तक जानकारी प्राप्त कर सकते हैं।

महत्त्वपूर्ण महीने

कार्यक्रम	महीने
नोटिफिकेशन जारी होने की तारीख	जुलाई में कोई भी
आवेदन की पहली तारीख	अगस्त में कोई भी
आवेदन की आखिरी तारीख	सितंबर में कोई भी
आवेदन में सुधार करने की तारीख	सितंबर में कोई भी
एडमिट कार्ड जारी होने की तारीख	अक्टूबर में कोई भी
एंट्रेंस एग्जाम की तारीख	नवंबर में कोई भी
उत्तर पुस्तिका जारी होने की तारीख	नवंबर में कोई भी
परीक्षा परिणाम जारी होने की तारीख	जनवरी में कोई भी

अपरिहार्य परिस्थितियों में घटनाओं के महीनों में अन्तर आ सकता है अर्थात् ये आगे पीछे हो सकते हैं।

कैट एग्जाम के लिए योग्यता मापदंड

जो उम्मीदवार कैट एग्जाम के लिए आवेदन करना चाहते हैं उन्हें आवेदन करने से पहले अपनी योग्यता मापदंडों की जांच अवश्य कर लेनी चाहिए। कैट एग्जाम में अपनी योग्यता मापदंड जांचने के लिए नीचे दिए गए तथ्यों को देखें।

शैक्षणिक योग्यता

- उम्मीदवार को मान्यता प्राप्त संस्थान से ग्रेजुएशन डिग्री प्राप्त होनी चाहिए।
- ग्रेजुएशन में कम से कम 50% अंक प्राप्त होने चाहिए।

- एससी, एसटी, पीडबल्यूडी केटेगरी के उम्मीदवारों को ग्रेजुएशन में 45% अंक प्राप्त होने चाहिए।
- ग्रेजुएशन के फाइनल ईयर में पढ़ रहे उम्मीदवार भी आवेदन कर सकते हैं।

आयु सीमा

- कैट एग्जाम के लिए फिलहाल लिए कोई आयु सीमा नहीं है।

कैट आवेदन पत्र

जो छात्र विभिन्न मैनेजमेंट कोर्स में एडमिशन लेना चाहते हैं तो उनको सबसे पहले आवेदन पत्र भरना होगा। कैट आवेदन पत्र आईआईएम कैट की आधिकारिक वेबसाइट iim.cat.ac.in पद पर जारी किये जाते हैं जहां से उम्मीदवार आवेदन पत्र भर सकते हैं। उम्मीदवारों की जानकारी के लिए यह बता दें कि कैट एग्जाम का आवेदन पत्र हर वर्ष लगभग जुलाई माह में जारी किये जाते हैं। उम्मीदवारों को आवेदन पत्र भरने के साथ साथ निर्धारित की गई आवेदन फीस अनिवार्य रूप से जमा करनी पड़ती है, बिना आवेदन फीस के भरे गए आवेदन पत्र निरस्त कर दिए जाते हैं। छात्र आवेदन पत्र जारी होने पर तय तिथियों के अंदर आवेदन पत्र भर सकते हैं।

आवेदन शुल्क

जनरल केटेगरी के उम्मीदवारों के लिये 1900/- रुपये आवेदन शुल्क है।

एससी, एसटी, पीडबल्यूडी केटेगरी के उम्मीदवारों के लिये 950/- रुपये आवेदन शुल्क है।

आवेदन शुल्क ऑनलाइन मोड से क्रेडिट कार्ड, डेबिट कार्ड और नेट बैंकिंग से भरने की सुविधा प्रदान की गयी है।

आवेदन शुल्क के बिना आवेदन पत्र स्वीकार नहीं किया जाएगा।

कैट एडमिट कार्ड

कैट एग्जाम का एडमिट कार्ड एडमिशन टेस्ट से कुछ दिन पहले जारी किये जाते हैं। कैट एग्जाम एडमिट कार्ड ऑनलाइन माध्यम से कैट की आधिकारिक वेबसाइट iim.cat.ac.in पर जारी किये जाते हैं, जहां से छात्र रजिस्ट्रेशन नम्बर/आईडी एवं पासवर्ड दर्ज करके एडमिट कार्ड डाउनलोड कर सकते हैं । परीक्षा के समय उम्मीदवारों को एडमिट कार्ड एवं एक वैध पहचान पत्र के साथ जाना होगा, बिना एडमिट कार्ड

एवं वैध पहचान पत्र के छात्रों को परीक्षा हॉल में एंट्री नहीं दी जाएगी। एडमिट कार्ड में उम्मीदवारों को परीक्षा तिथि, परीक्षा का समय, पर्सनल डिटेल, रजिस्ट्रेशन नम्बर, परीक्षा सेंटर आदि की जानकारी दी गई होती है।

कैट एग्जाम का पैटर्न

उम्मीदवारों को कैट एंट्रेंस एग्जाम में शामिल होने के लिए एग्जाम पैटर्न के विषय में जानना बहुत जरूरी है। कैट एग्जाम का पैटर्न कुछ इस तरह का होता है-

- एग्जाम मोड - ऑनलाइन (सीबीटी)
- कुल समय - 3 घंटे
- कुल प्रश्न - 100
- कुल अंक - 300
- एग्जाम टाइप - एमसीक्यू एंड टीआईटीए
- सेक्शन - 3
- वर्बल एबिलिटी एंड रीडिंग कॉम्प्रिहेंशन
- डेटा इंटरप्रिटेशन एंड लॉजिकल रीजनिंग
- क्वांटिटेटिव एबिलिटी

सेक्शन	प्रश्न	अंक
वर्बल एबिलिटी एंड रीडिंग कॉम्प्रिहेंशन	एमसीक्यू - 34 टीआईटीए - 10	102
डाटा इंटरप्रिटेशन एंड लॉजिकल रीजनिंग	एमसीक्यू - 32 टीआईटीए - 8	102
क्वांटिटेटिव एबिलिटी	एमसीक्यू - 34 टीआईटीए - 7	96
कुल	100	300

कैट एग्जाम पैटर्न विस्तृत रूप में

कैट का एग्जाम दो पारियों में आयोजित होता है। इस परीक्षा में कुल 100 प्रश्न पूछे जाते हैं। इसमें वर्बल एबिलिटी और रीडिंग कम्प्रिहेंशन (Verbal ability and reading comprehension,VARC) डेटा इंटरप्रिटेशन और लॉजिकल रीजनिंग

(Data interpretation and logical reasoning, DILR) तथा क्वांटिटेटिव एबिलिटी (Quantitative ability, QA) जैसे प्रश्न पूछे जाते हैं।

इस परीक्षा में उम्मीदवारों से ऑब्जेक्टिव तथा सब्जेक्टिव दोनों तरह के प्रश्न पूछे जाते हैं। इस परीक्षा के प्रश्न पत्र को तीन भागों में बांटा गया है। हर एक भाग के लिए 60 मिनट का समय दिया जाता है। यानी कुल 180 मिनट मिलते हैं और 180 मिनट में 100 प्रश्नों के जवाब देने होते हैं।

इस परीक्षा में सारे प्रश्न अंग्रेजी में पूछे जाते हैं। कैट एग्जाम में कुल 300 अंक के प्रश्न पूछे जाते हैं।

प्रत्येक अनुभाग में पूछे जाने वाले प्रश्नों की संख्या

- वर्बल एबिलिटी और रीडिंग कम्प्रिहेंशन से कुल 34 प्रश्न पूछे जाते हैं।
- डेटा इंटरप्रिटेशन और लॉजिकल रीजनिंग से कुल 32 प्रश्न पूछे जाते हैं।
- क्वांटिटेटिव एबिलिटी से कुल 34 प्रश्न पूछे जाते हैं।

उम्मीदवारों को यह बात भी ध्यान में रखना चाहिए कि इस परीक्षा में नेगेटिव मार्किंग भी होती है यानी गलत उत्तर के लिए कुछ मार्क्स काट भी लिए जाते हैं। हर एक सही उत्तर के लिए 3 अंक मिलते हैं जबकि गलत उत्तर के लिए एक अंक काट लिए जाते हैं। नेगेटिव मार्किंग सिर्फ ऑब्जेक्टिव तरह के प्रश्नों में ही होते हैं।

कैट एग्जाम की उत्तर पुस्तिका

कैट एग्जाम की उत्तर पुस्तिका सीबीटी परीक्षा संपन्न होने के बाद ऑनलाइन माध्यम से जारी की जाती है। उत्तर पुस्तिका जारी होने के बाद उम्मीदवार अपने उत्तरों का उससे मिलान कर सकते हैं। अगर छात्र उत्तर पुस्तिका में दिए गए किसी उत्तर से असंतुष्ट हैं तो वे उस पर आपत्ति दर्ज कर सकते हैं। उम्मीदवार के उत्तर पर की गयी आपत्ति को ऑनलाइन माध्यम से कैट की ऑफिसियल वेबसाइट पर जाकर तय तिथियों में दर्ज कर सकते हैं। अगर छात्रों की आपत्ति सही होगी तो उस प्रश्न के अंक उनको प्रदान किये जायेंगे।

कैट एग्जाम की चयन प्रक्रिया

कैट एंट्रेंस एग्जाम और आईआईएम एडमिशन की चयन प्रक्रिया को आसानी से समझनें के लिए नीचे दिए गए बिंदुओं पर क्रमवार रूप से विचार करने की जरूरत होती है।

- ऑनलाइन आवेदन

- डाक्यूमेंट्स अपलोड
- आवेदन शुल्क जमा
- एडमिट कार्ड डाउनलोड
- एंट्रेंस एग्जाम
- आंसर की
- रिजल्ट
- कटऑफ
- ग्रुप डिसक्शन
- इंटरव्यू
- एडमिशन

कैट एग्जाम रिजल्ट

कैट एग्जाम रिजल्ट की घोषणा ऑनलाइन माध्यम कैट की ऑफिसियल वेबसाइट iim.cat.ac.in पर जारी की जाती है। उम्मीदवारों को कैट रिजल्ट/स्कोर कार्ड डाउनलोड करने के लिए आईडी और पासवर्ड दर्ज करना होता है जिससे उनका स्कोर कार्ड एक नए पेज पर खुल जाता हैं, जहां से वे अपना परिणाम देख सकते हैं।

आईआईएम रिज़र्वेशन

कैट स्कोर के आधार पर आईआईएम में एमबीए मैनेजमेंट कोर्स में एडमिशन के लिए कुछ सीटें अलग-अलग केटेगरी के लिए रिजर्वड रखी गई हैं।

केटेगरी	रिजर्वेशन
ईडब्लूएस	10%
एससी	15%
एसटी	7.5%
ओबीसी	27%

सीटें

- आईआईएम, अहमदाबाद – 385
- आईआईएम, अमृतसर – 60

- आईआईएम, बैंगलोर - 412
- आईआईएम, बोध गया - 60
- आईआईएम, कलकत्ता - 462
- आईआईएम, इंदौर - 550
- आईआईएम, काशीपुर - 210
- आईआईएम, कोझिकोड - 353
- आईआईएम, लखनऊ - 436
- आईआईएम, नागपुर - 60
- आईआईएम, रायपुर - 210
- आईआईएम, रांची - 155
- आईआईएम, रोहतक - 170
- आईआईएम, शिलांग - 120
- आईआईएम, त्रिची - 120
- आईआईएम, उदयपुर - 180
- आईआईएम, विशाखापट्टनम - 60
- आईआईएम, जम्मू - 45
- आईआईएम, संबलपुर - 140
- आईआईएम, सिरमौर - 60

कैट परीक्षा हेतु क्वांटिटेटिव एप्टीट्यूड सेक्शन की किताबें

क्वांटम कैट: यह किताब सर्वेश के. वर्मा द्वारा लिखी गई है और यह सभी कैट एग्जाम के अभ्यर्थियों के लिए सर्वश्रेष्ठ स्टडी मटीरियल प्रदान करती है।

क्वांटीटेटिव एप्टीट्यूड और डाटा इंटरप्रिटेशन के लिए पियरसन गाइड: यह किताब निशित सिन्हा द्वारा लिखी गई है। इस किताब को कई वर्षों से कुछ नए अपडेट्स और एडिशन्स के साथ प्रकाशित किया जा रहा है। श्री निशित सिन्हा के पास इंडस्ट्री का 10 से अधिक वर्षों का अनुभव है। इस किताब से आप कैट एग्जाम के क्वांट सेक्शन को क्रैक करने के लिए क्वालिटी के साथ साथ सटीक प्रश्नों की उम्मीद कर सकते हैं।

आगामी कैट परीक्षा के लिए क्वांटीटेटिव एप्टीट्यूड की तैयारी कैसे करें?: यह किताब अरुण शर्मा द्वारा लिखी गई है। समझने में आसान तथा सरल होने के कारण अधिकांश लोग इस किताब का समर्थन करते हैं। यह सर्वाधिक बिकने वाली किताब है। इस किताब को अवश्य पढ़ना चाहिए। इस किताब में सभी विषयों तथा टॉपिक को वैज्ञानिक तरीके से समझाने का प्रयास किया गया है।

मैथमेटिक्स फॉर्मूला और शॉर्टकट्स ई-बुक्स: इस ई-बुक में सभी मैथमेटिक्स फॉर्मूलाज और शॉर्टकट्स दिए गए हैं, जिसकी मदद से क्वांटीटेटिव एप्टीट्यूड के प्रश्नों को आसानी से हल किया जा सकता है। इस ई-बुक का उपयोग करने वाले छात्र शॉर्टकट्स और फॉर्मूला को एक क्रम में लागू करना सीख सकते हैं और इससे छात्र को कैट एग्जाम के क्वांटीटेटिव एप्टीट्यूड सेक्शन को हल करने में भरपूर मदद मिलेगी। कैट कैंडिडेट्स को यह किताब अवश्य पढ़नी चाहिए। इससे वे कठिन से कठिन प्रश्नों को कम समय में हल कर सकते हैं।

कैट 2019: डाटा इंटरप्रिटेशन और लॉजिकल रीजनिंग सेक्शन की किताबें

1. **कैट एंट्रेंस एग्जाम के लिए लॉजिकल रीजनिंग की तैयारी कैसे करें?:** यह अरुण शर्मा द्वारा लिखी गई एक सही जानकारी प्रदान करने वाली भरोसेमंद किताब है। इस किताब में कैट अभ्यर्थियों के लिए लॉजिकल रीजनिंग सेक्शन को एक बहुत व्यावहारिक दृष्टिकोण के साथ उदाहरण देकर सर्वोत्तम तरीके से वर्णित किया गया है। इस किताब का सही तरीके से अध्ययन कर छात्र आप ही कैट एग्जाम क्रैक करने में सक्षम होंगे।

2. **कैट एग्जाम और अन्य एमबीए एंट्रेंस एग्जाम की तैयारी हेतु लॉजिकल रीजनिंग और डाटा इंटरप्रिटेशन के लिए पियरसन गाइड:** पियरसन गाइड एक कम्प्रिहेंसिव किताब है जो लॉजिकल रीजनिंग और डाटा इंटरप्रिटेशन को समझने तथा उसे हल करने के लिए व्यापक दृष्टिकोण प्रदान करती है। यह किताब न सिर्फ कैट एग्जाम के लिए जरूरी है बल्कि अन्य एमबीए एग्जाम्स के लिए भी समान रूप से उपयोगी है।

3. **कैट एग्जाम के डाटा इंटरप्रिटेशन की तैयारी कैसे करें?:** इस किताब के लेखक अरुण शर्मा हैं। ऐसा माना जाता है कि डाटा इंटरप्रिटेशन का कोई निश्चित सिलेबस नहीं होता। लेकिन इस किताब में कैट एग्जाम के पैटन पर आधारित डाटा इंटरप्रिटेशन के कई सेट दिए गए हैं जिनको हल करके छात्र कैट एग्जाम में इस सेक्शन को आसानी से हल कर सकते हैं।

कैट एग्जामः वर्बल एबिलिटी सेक्शन की किताबें

वर्ड पावर मेड ईजीः नॉर्मन लुईस द्वारा लिखित यह किताब एक बहुत अच्छी किताब है। इसे सभी कैट परीक्षा की तैयारी कर रहे छात्रों द्वारा पढ़ा जाना चाहिए। इस किताब में शब्दों और उसके अर्थों को बहुत ही बेहतरीन तरीके से समझाया गया है। इस किताब को व्यापक रूप से तीन वर्गों में बांटा गया है। सरल टेक्नीक्स के माध्यम से लेखक ने वोकैबुलरी और शब्द क्षमता (वर्ड स्किल) में सुधार के लिए आसान टिप्स बताए हैं। नए शब्दों और उनके अर्थ के बारे में बताने के साथ ही लेखक ने इस किताब में विभिन्न शब्दों के सही उपयोग के बारे में भी सटीक जानकारी प्रदान की है।

वोकैबुलरी के लिए बैरन की पॉकेट गाइडः एक अन्य महत्त्वपूर्ण किताब जो कैट कैंडिडेट्स के लिए बहुत जरूरी है। इससे कम्प्रिहेंशन रीडिंग में पकड़ मजबूत होती है। कैट एग्जाम में 2-3 रीडिंग कम्प्रिहेंशन पूछे ही जाते हैं और अगर छात्र वोकैबुलरी में महारत हासिल कर लेते हैं तो इस सेक्शन को बहुत आराम से हल कर पाएंगे।

अरुण शर्मा और मीनाक्षी उपाध्याय (टाटा मैकग्रा-हिल) की बुक- कैट एग्जाम के लिए वर्बल एबिलिटी और रीडिंग कम्प्रिहेंशन की तैयारी कैसे करें?: यह एक प्रैक्टिस सेट तथा वर्क बुक है। इसके माध्यम से छात्र पिछले कैट एग्जाम के प्रश्न पत्रों के आधार पर प्रश्नों और कम्प्रिहेंसन का अभ्यास कर सकते हैं।

प्रतियोगी परीक्षाओं के लिए जनरल इंग्लिश ई-बुकः यह एक दिलचस्प ई-बुक है जिसे छात्र अपने मोबाइल में भी रख सकते हैं। छात्र कैट एग्जाम के लिए अपनी अंग्रेजी भाषा को मजबूत बनाने के लिए इस ई-बुक का प्रयोग कर सकते हैं। इस ई-बुक में रीडिंग कम्प्रिहेंशन, ग्रामर, वर्ड्स, सेंटेंस स्ट्रक्चर के अलावा 10 एक्स्ट्रा प्रैक्टिस सेट दिए गए हैं। प्रत्येक अध्याय में 60 से अधिक व्याख्या सहित हल किए गए उदाहरण हैं जिससे आप इसे और बेहतर तरीके से समझ सकते हैं।

विले एग्जाम एक्सपर्ट वर्बल एबिलिटी एंड रीडिंग कम्प्रिहेंशनः इंग्लिश और वर्बल रीजनिंग पर कैप्टन ए.के. कालिया की किताब का उद्देश्य कैट एग्जाम के साथ अन्य एमबीए एंट्रेंस एग्जाम्स में अच्छे मार्क्स लाने में छात्रों की सहायता करना है। इस किताब में वीएआरसी (VARC) से संबंधित काफी ज्यादा टॉपिक्स को कवर किया गया है। इस किताब में नए एग्जाम पैटर्न के मुताबिक 11 कैट वीएआरसी टेस्ट्स और 12 प्रैक्टिस एक्सरसाइजेज को भी शामिल किया गया है। इतना ही नहीं इस किताब में 16 सप्ताह का वोकैबुलरी बिल्डिंग प्रोग्राम भी शामिल किया गया है ताकि छात्र मुश्किल वोकैबुलरी वर्ड्स को लंबे समय तक याद रख सकें।

ये तो रहा एमबीए से जुड़े कैट परीक्षा में सफलता पाने के कुछ साधारण उपाय।

पिछले कुछ वर्षों से मैनेजमेंट प्रोग्राम काफी लोकप्रिय प्रोग्राम बनता जा रहा है। अधिकांश छात्र ग्रेजुएशन की डिग्री के बाद मैनेजमेंट प्रोग्राम का चयन कर रहे हैं। छात्रों तथा माता-पिता एवं अभिभावकों का ऐसा मानना है कि अच्छी सैलरी और सुनहरे करियर के लिए एमबीए एक सही विकल्प है।

यह बात तो बिलकुल सही है कि करियर में फास्ट ग्रोथ के लिए मैनेजमेंट बिलकुल उपयुक्त करियर ऑप्शन है लेकिन इसके लिए छात्रों को सही एमबीए प्रोग्राम तथा उसके स्कोप के बारे में भी पता होना चाहिए। उन्हें हर हाल में अपने लिए एक सही एमबीए प्रोग्राम का चयन करना चाहिए। तभी उनका या फिर उनके माता-पिता का सपना पूरा हो सकेगा।

मार्केट, स्कूल, कॉलेज, इंस्टीट्यूट तथा विश्वविद्यालय में एमबीए प्रोग्राम्स की बड़ी भरमार है। ऐसे में अपने लिए किसी उपयुक्त एमबीए प्रोग्राम का चयन वाकई मुश्किल काम हो जाता है और उस दौरान संदेह में पड़ जाना स्वाभाविक है।

इसलिए छात्रों को इस विषय में पर्याप्त और सही जानकारी प्रदान करने के उद्देश्य से एमबीए प्रोग्राम चुनते समय जरूरी 10 बातें जिनका ध्यान उन्हें रखना चाहिए, का वर्णन नीचे किया जा रहा है ताकि उन्हें अपने मनपसंद और भावी जीवन में अपने सपने को साकार करने और करियर को सही दिशा प्रदान करने की राह में किसी तरह की बाधा न आये।

चरण 1: कॉलेज या संस्थान की मान्यता/मान्यता प्राधिकरण

प्रवेश लेने से पहले कॉलेज/स्कूल के प्रमाणीकरण की जांच करना सबसे महत्त्वपूर्ण और आवश्यक पहलू है। यदि आप किसी बहुत बड़े कॉलेज में बहुत अधिक रकम देकर तथा 2 साल तक कठिन परिश्रम कर एमबीए की डिग्री हासिल करते हैं और बाद में आपको ऐसा पता चले कि मार्केट में आपके डिग्री का कोई मूल्य ही नहीं है तो कल्पना कीजिये कि आपको इस बात का कितना पछतावा होगा कि मैंने एडमिशन लेने से पहले इसकी जाँच क्यों नहीं की? इसलिए हमेशा एमबीए में एडमिशन लेने से पहले स्कूल या कॉलेज की मान्यता तथा उसके डिग्री की वैधता की जाँच अवश्य करें। जिस कॉलेज या इंस्टीट्यूट में एडमिशन लेने का मन बना रहे हैं उसके पूर्व छात्रों से भी इस विषय में जाँच पड़ताल करें। पूरी तरह छानबीन करने के बाद ही एडमिशन लें। इस परिप्रेक्ष्य में मुख्यत: दो बातों का ख्याल रखें-

1. एआईसीटीई से प्राप्त मान्यता:

यह उच्च शिक्षा विभाग, मानव संसाधन विकास मंत्रालय के तहत टेक्निकल

एजुकेशन के लिए एक वैधानिक निकाय और राष्ट्रीय स्तर की परिषद है। एआईसीटीई अपने चार्टर के अनुसार भारतीय संस्थानों में विशिष्ट श्रेणियों के तहत ग्रेजुएशन और पोस्ट ग्रेजुएशन प्रोग्राम्स को मान्यता देता है। इसलिए इस बात की अवश्य जाँच करें कि आप जहां एडमिशन ले रहे हैं वह इंस्टीट्यूट एआईसीटीई से मान्यता प्राप्त है या नहीं।

2. एआईयू: (एसोसियेशन ऑफ इंडियन यूनिवर्सिटीज)

एसोसियेशन ऑफ इंडियन यूनिवर्सिटीज एक नोडल एजेंसी है जो मान्यता प्राप्त विदेशी विश्वविद्यालयों/संस्थानों द्वारा प्रदान की गई डिग्री को एकेडमिक इक्वीवैलेंस (एकेडमिक रूप से समकक्ष) की मान्यता देता है। इसलिए सरकारी वेबसाइट के जरिये आपके द्वारा चुने गए इंस्टीट्यूट को इससे मान्यता मिली है या नहीं इसकी पूरी तरह से जाँच अवश्य कर लें।

चरण 2: कॉलेज/इंस्टीट्यूट का स्थान विशेष

ग्लोबलाइजेशन की वजह से अब एमबीए प्रोग्राम्स कराने वाले इंस्टीट्यूट्स देश तथा विदेश के कोने-कोने में उपलब्ध हैं। अत: अपने लोकेशन की गहराई से विश्लेषण करें और यह जानने की हरसंभव कोशिश करें कि आप जहां जा रहे हैं वहां का प्लेसमेंट रिकॉर्ड क्या है तथा भविष्य में करियर की क्या-क्या संभावनाएं हैं?

चरण 3: प्रवेश सांख्यिकी (एडमिशन स्टेटिसटिक्स)

कन्फ्यूज होने की बजाय आपको यह सलाह दी जाती है कि आप जिस इंस्टीट्यूट में एडमिशन लेना चाहते हैं उसके एडमिशन कट ऑफ और अपने मार्क्स की तुलना करते हुए यह जानने का प्रयास करें कि किस कैटेगरी में आपको एडमिशन मिल सकता है और उसी दिशा में प्रयास करें अन्यथा आपके सारे प्रयास असफल सिद्ध हो सकते हैं।

चरण 4: कुल कितने प्रोग्राम उपलब्ध हैं और उनकी रैंकिंग क्या है

प्रत्येक बी-स्कूल के पास एक यूनिक और अलग करिकुलम होता है, कुछ ग्लोबल इंटर्नशिप प्रदान करते हैं तो कुछ सामान्य प्रबंधन, तकनीकी कौशल जैसे अन्य प्रमुख क्षेत्रों पर जोर देते हैं। एडमिशन लेकर आगे बढ़ने से पहले, अपनी आवश्यकताओं और कोर्सेज के विषय को जानने तथा उसका विश्लेषण करने में कुछ समय व्यतीत करें। बार-बार इस बात पर गौर करें कि एमबीए की डिग्री हासिल करने के बाद आखिर आप करना क्या चाहते हैं? बेहतर जॉब तथा भविष्य को ध्यान में रखते हुए अपने

प्रोग्राम तथा इंस्टीट्यूट की रैंकिंग को जानना बहुत अति महत्त्वपूर्ण पहलू है। एक बात ध्यान रखिये कि यहाँ सिर्फ ओवरऑल रैंकिंग हाई की बात नहीं की जा रही बल्कि आपको यह भी जानना होगा कि वह बी-स्कूल किस स्टडी या प्रोग्राम विशेष के क्षेत्र में अपनी विशेष रैंकिंग बनाये हुए है?

चरण 5: पूर्व छात्रों का अनुभव

पिछले वर्ष के छात्रों और पूर्व छात्रों की तुलना में किसी भी कार्यक्रम की स्पष्ट तस्वीर को कोई भी चित्रित नहीं कर सकता है। पिछले वर्ष के छात्रों से किसी विशेष प्रोग्राम के बारे में और जानने के लिए उनसे बातचीत करें। उनसे उनके अनुभव, ज्ञान वृद्धि, नियुक्ति प्रक्रिया और बिजनेस स्कूल के बारे में विस्तृत रूप से पूछें।

सोशल मीडिया के जरिये पूर्व छात्रों के साथ बातचीत करना अब कोई मुश्किल कार्य नहीं रह गया है। आसानी से अपने फेसबुक, लिंक्डइन और ट्विटर प्रोफाइल से उनका पता लगाया जा सकता है।

चरण 6: फैकल्टी के बारे में जानें

एक अच्छी फैकल्टी एक अच्छा लीडर और मैनेजर का निर्माण करने में सक्षम होती है। सीखने और सही मार्गदर्शन के लिए फैकल्टी के विषय में जानना अति आवश्यक है। इसके लिए आप कॉलेज की आधिकारिक वेबसाइट पर जाकर फैकल्टी की प्रोफाइल के बारे में सावधानी से पढ़ें। आखिरकार फैकल्टी ही तो आपको सारे इंडस्ट्री स्किल्स सिखाएगी। इसलिए उनके विषय में सही जानकारी रखना बहुत जरूरी है तथा आप इस तथ्य को गंभीरता से लें। यह तो सभी को पता है कि छात्र के भविष्य निर्माण में फैकल्टी की भूमिका अद्वितीय होती है।

चरण 7: संस्थान के माहौल और संस्कृति को जानें

विभिन्न भौगोलिक संस्कृतियों के कारण हर जगह कुछ न कुछ विभिन्नता देखने को मिलती हैं। एडमिशन लेकर पढ़ाई की शुरुआत करने से पहले आपको बी-स्कूल्स के माहौल तथा संस्कृति के विषय में जानने का प्रयास करना चाहिए। इससे आपको नए माहौल, परिवेश तथा पर्यवारण में सामंजस्य बैठाने में सुविधा होगी एवं आप बिना किसी कठिनाई के अध्ययन कर सकेंगे। आप पहले से ही उस जगह के बारे में खूब छानबीन कर, वहां के खान पान, प्रथाओं तथा मौसम आदि के विषय में जान सकते हैं। यदि एक देश के उत्तरी हिस्से का छात्र दक्षिणी हिस्से में अध्ययन करने जाता है तो उसे थोड़ी बहुत परेशानी तो झेलनी ही पड़ती है और यही बात अगर दक्षिण का कोई छात्र उत्तर में पढ़ने जाता है तो उस पर भी लागू होती है।

चरण 8: विषयों को सिखाने के लिए प्रयोग किये जाने वाले लर्निंग मॉडल

प्रत्येक कॉलेज या इंस्टीट्यूट भिन्न भिन्न प्रोग्राम्स के लर्निंग मॉडल के तहत विषय को समझाने के उद्देश्य से कई तरह के प्रोटोकॉल जैसे लेक्चर्स, केस स्टडीज, गेस्ट स्पीकर्स, क्षेत्र प्रोग्राम्स, गेस्ट प्रोजेक्ट्स और इंटर्नशिप आदि का उपयोग करते हैं। इसलिए आप सबसे पहले यह पता लगाएं कि कौन-सी विधि आपके लिए सबसे अधिक उपयुक्त है तथा आप उसे आसानी से कम समय में सीख सकते हैं और उसी के अनुरूप अपने बी-स्कूल का चयन करें। आजकल लगभग सभी बी-स्कूल/इंस्टीट्यूट सामान्यत: मैनेजमेंट की शिक्षा प्रदान करने के व्यावहारिक तरीके पर ज्यादा जोर दे रही हैं। इसके लिए आप यूट्यूब वीडियो देख सकते हैं और इन इंस्टीट्यूट्स/बी-स्कूलों द्वारा जारी कुछ सूचनात्मक पत्रिकाओं को पढ़ सकते हैं ताकि उनके द्वारा अपनाई गई लर्निंग मॉडल की जानकारी आपको हो सके।

चरण 9: वित्तीय अनुदान

स्कॉलरशिप, लोन असिस्टेंस और फेलोशिप जैसे वित्तीय सहायता कार्यक्रम का बी-स्कूल का चयन करने में एक महत्त्वपूर्ण भूमिका होती है। कुछ बी-स्कूल प्रोग्राम के दौरान व्यावसायिक प्रतियोगिताओं या क्षेत्र आधारित काम के लिए वित्तीय सहायता प्रदान करते हैं। अपनी वित्तीय जरूरतों तथा स्कॉलरशिप द्वारा प्रदान की गयी राशि तथा इसे प्राप्त करने के विभिन्न तरीकों और इसमें होने वाली परेशानियों को समझते हुए इस विषय पर बहुत समझदारी से चिंतन करते हुए अपने बी-स्कूल का चुनाव करें।

चरण 10: प्लेसमेंट की प्रक्रिया

अंतत: सबसे महत्त्वपूर्ण पहलू यह है कि आप शॉर्टलिस्टेड कॉलेजों/इंस्टीट्यूट्स/बी-स्कूलों के प्लेसमेंट आंकड़ो को देखें। आखिर एमबीए की पढ़ाई का मकसद क्या है ? एक अच्छे प्लेसमेंट के लिए ही तो छात्र इतनी मेहनत करते हैं।

संभवत: सभी अच्छे बी-स्कूल प्लेसमेंट पैकेज के साथ अपनी आधिकारिक वेबसाइटों पर प्लेसमेंट आंकड़े प्रदान करते हैं। कुछ कॉलेजों ने तो छात्रों के प्लेसमेंट प्रोफाइल को अपने सोशल मीडिया पेज पर भी शेयर करने का अभ्यास शुरू कर दिया है। किसी भी स्पेशलाइजेशन वाले विषय से जुड़ा अध्ययन या प्रोग्राम का महत्त्व तभी है जब उससे अधिक से अधिक छात्र प्लेसमेंट पा सकें तथा अधिकांश कम्पनियां उस विषय के ग्रेजुएट्स को अपने यहां अवसर देना चाहे।

साथ ही आप यह भी समझने की कोशिश करें कि कुछ सीमित नौकरियों के लिए कई वेंचर्स आते हैं तथा कई बी-स्कूल्स भी इसमें भागीदार होते हैं और सभी का प्रयास उसमें जॉब प्राप्त करना होता है। इस प्रयास में हर कोई जी जान से लगा होता है। यही कारण है कि किसी बी-स्कूल के चयन में प्लेसमेंट एक मुख्य फैक्टर होता है।

एमबीए करने का विचार करते समय एमबीए से पहले कार्य अनुभव को लेकर कुछ महत्त्वपूर्ण सवाल छात्रों के मन में उठते हैं। उनमें से सबसे प्रमुख सवाल है कि आवेदन करने से पहले कितने वर्ष का कार्य अनुभव होना चाहिए? आदर्श रूप से दो साल की अवधि के फुलटाइम रेगुलर एमबीए प्रोग्राम्स के लिए किसी के पास दो से तीन साल का कार्य अनुभव हो सकता है। एक एग्जीक्यूटिव प्रोग्राम का चयन करते समय, दो साल से अधिक का कार्य अनुभव वांछनीय है।

एमबीए करने से पहले कितना प्रभावी है नौकरी या कार्य करने का अनुभव?

एमबीए प्रोग्राम क्लास रूम में बड़े पैमाने पर वृहद् स्तर पर व्यावसायिक ज्ञान प्रदान करने के उद्देश्य से डिजाइन किए गए हैं। इस दौरान अगर छात्रों के पास पूर्व में कार्य करने का अनुभव हो तो यह उनके ज्ञान को और अधिक व्यापक बनाता है और वे इसे व्यावहारिक स्तर पर सही ढंग से समझ पाते हैं।

एमबीए प्रोग्राम का मुख्य उद्देश्य छात्रों को मैनेजमेंट प्रोफेशनल बनाना होता है। एक ऐसा मैनेजमेंट प्रोफेशनल जिसमें नेतृत्व क्षमता हो तथा वह कंपनी एवं ऑर्गनाइजेशन के लक्ष्य को पूरा करने में सक्षम हो। किसी भी समस्या को समझना तथा उसका सही समाधान तलाशना मैनेजर के प्रमुख प्रोफेशनल गुणों में से एक है। एक मैनेजर को क्या करना है या कैसे करना है की जगह यह समस्या क्यों है और इसे कैसे समाप्त किया जा सकता है? की फिलासफी पर कार्य करना होता है।

पिछले कुछ वर्षों से हमारे देश में एमबीए उम्मीदवारों की संख्या बहुत तेजी से बढ़ी है। गौर करने वाली बात यह है कि विभिन्न शैक्षणिक पृष्ठभूमि के छात्र एमबीए की डिग्री चुन रहे हैं, उनमें से अधिकतर फ्रेशर होते है या फिर उनके पास पूर्व में किये गए कार्य का अनुभव नहीं होता है। वे एमबीए को अपने करियर की शुरुआत से ही सफलता के लिए एक निश्चित पैमाने के रूप में देखते हैं। लेकिन अगर एमबीए करने से पहले छात्र के पास कार्य का अनुभव हो तो यह उनके लिए सोने पर सुहागा का काम करेगा।

लेकिन एक बात यह भी है कि मेधावी होने तथा बहुत परिश्रम के बावजूद भी कई छात्र आईआईएम जैसे संस्थानों में दाखिला नहीं ले पाते हैं। इसलिए 'जहां चाह, वहां

राह' वाली कहावत को ध्यान में रखते हुए यह आपके लिए काफी बढ़िया ऑप्शन रहेगा कि आप एमबीए की डिग्री प्राप्त करने के लिए केवल आईआईएम में एडमिशन लेने तक ही अपने आप को सीमित न रखें। भारत में कैट एग्जाम क्वालीफाई करने के बाद कई ऐसे शीर्ष नॉन आईआईएम एमबीए इंस्टीट्यूट्स या कॉलेज हैं, जो साल-दर-साल अपने छात्र को सर्वश्रेष्ठ स्तर की एमबीए एजुकेशन और प्लेसमेंट्स मुहैया करवा रहे हैं। अगर किसी वजह से आप आईआईएम इंस्टीट्यूट्स की मिनिमम रिक्वायरमेंट्स को पूरा नहीं कर पायें तो परेशान और निराश होने की कोई आवश्यकता नहीं है। हमारे देश के कई शीर्ष नॉन-आईआईएम एमबीए कॉलेज या इंस्टीट्यूट्स नामी गिरामी आईआईएम के समान ही एमबीए एजुकेशन और प्लेसमेंट के लिए इन्फ्रास्ट्रक्चर और एनवायरमेंट अपने छात्र को मुहैया करवा रहे हैं। यहां पेश है कुछ ऐसे नॉन-आईआईएम एमबीए कॉलेजों/इंस्टीट्यूट्स की सूची नीचे दी गयी है जिसकी सहायता से आप एक उपयुक्त एमबीए कॉलेज को ऑप्शन के रूप में चुन सकते हैं जैसे कि:

1. फैकल्टी ऑफ मैनेजमेंट स्टडीज, दिल्ली (FMS, दिल्ली)

फैकल्टी ऑफ मैनेजमेंट स्टडीज, दिल्ली न सिर्फ अपने एकेडमिक प्रोग्राम्स बल्कि ट्रेनिंग प्रोग्राम्स, रिसर्च और कंसल्टेंसी प्रोग्राम के लिए भी पूरे भारत में सुप्रसिद्ध बिजनेस स्कूल है। यहां फुल-टाइम एमबीए, एग्जीक्यूटिव एमबीए, हेल्थकेयर एडमिनिस्ट्रेशन में एमबीए, बैचलर और डॉक्टरल की डिग्री प्रदान की जाती है। इस कॉलेज में एडमिशन कैट स्कोर के आधार पर ही मिलता है लेकिन कट ऑफ इंस्टीट्यूट्स से थोड़ा कम होता है। कैट में 85% और उससे अधिक स्कोर हासिल करने पर इस कॉलेज में एडमिशन लिया जा सकता है।

2. एसपी जैन इंस्टीट्यूट ऑफ मैनेजमेंट एंड रिसर्च, मुंबई (SPJIMR, मुंबई)

विभिन्न प्रोग्राम्स में मैनेजमेंट की डिग्री प्रदान करने वाला एक और प्रसिद्ध इंस्टीट्यूट है मुंबई में स्थित एसपी जैन इंस्टीट्यूट। इस इंस्टीट्यूट में एडमिशन कैट (कैट) या जैट (XAT) के स्कोर के आधार पर दिया जाता है। यहां मुख्य रूप से मैनेजमेंट में पोस्ट ग्रेजुएट डिप्लोमा तथा मैनेजमेंट में विभिन्न प्रोग्राम्स की डिग्री प्रदान की जाती है। एमबीए अभ्यर्थी अपने स्कोर के आधार पर इनमें से किसी भी प्रोग्राम में एडमिशन ले सकते हैं। लीक से हटकर कुछ करने वाले लोगों के लिए यह इंस्टीट्यूट एग्जीक्यूटिव मैनेजमेंट प्रोग्राम तथा फैमली मैनेज्ड बिजनेस प्रोग्राम भी करवाता है।

3. मैनेजमेंट डेवेलपमेंट इंस्टीट्यूट, गुडगांव (MDI, गुड़गांव)

यह इंस्टीट्यूट गुड़गांव में स्थित है और इस इंस्टीट्यूट में छात्र को विभिन्न

एकेडमिक प्रोग्राम्स की शिक्षा दी जाती है। यहां मुख्यत: मैनेजमेंट में पोस्ट ग्रेजुएट डिग्री प्रोग्राम्स जैसे कि, ह्यूमन रिसोर्स मैनेजमेंट में पोस्ट ग्रेजुएट डिग्री, इंटरनेशनल मैनेजमेंट में पोस्ट ग्रेजुएट डिग्री, नेशनल मैनेजमेंट प्रोग्राम, फेलो मैनेजमेंट प्रोग्राम, एग्जीक्यूटिव फेलो प्रोग्राम इन मैनेजमेंट और पब्लिक पॉलिसी तथा मैनेजेमेंट में पोस्ट ग्रेजुएट डिप्लोमा ऑफर किया जाता है। इस इंस्टीट्यूट में एडमिशन कैट के स्कोर के आधार पर ही होता है तथा इसका कट–ऑफ परसेंटेज उचित रेंज का होता है।

4. जमनालाल बजाज इंस्टीट्यूट ऑफ मैनेजमेंट स्टडीज, मुंबई (JBIMS, मुंबई)

JBIMS एक और लोकप्रिय नॉन–IIM इंस्टीट्यूट है। इस इंस्टीट्यूट में भी एमबीए कैंडिडेट्स अप्लाई कर सकते हैं। यह इंस्टीट्यूट मुंबई विश्वविद्यालय से सम्बद्ध है और वर्ष 2014 में बिजनेस टुडे की रैंकिंग के आधार पर 16वीं रैंक पर था। इस इंस्टीट्यूट में ह्यूमन रिसोर्स डेवेलपमेंट, मार्केटिंग मैनेजमेंट, इनफॉर्मेशन मैनेजेमेंट और फाइनेंशियल मैनेजमेंट में फुलटाइम और पार्ट टाइम ग्रेजुएट और पोस्ट ग्रेजुएट डिग्री कोर्सेज करवाए जाते हैं। इस इंस्टीट्यूट के विभिन्न फुल टाइम एमबीए प्रोग्राम्स में एडमिशन कैट स्कोर के आधार पर और पार्ट टाइम कोर्सेज में महाराष्ट्र कॉमन एंट्रेंस टेस्ट के स्कोर के आधार पर दिया जाता है। एडमिशन के लिए इसका स्कोर परसेंटेज अन्य इंस्टीट्यूट की तुलना में अधिक होता है लेकिन टॉप इंस्टीट्यूट से कम होता है। इसलिए टॉप IIMs के अलावा अन्य इंस्टीट्यूट की तलाश में एमबीए कैंडिडेट्स के लिए यह इंस्टीट्यूट एक व्यवहारिक एमबीए एजुकेशन ऑप्शन साबित हो सकता है।

5. ग्रेट लेक्स इंस्टीट्यूट ऑफ मैनेजमेंट, चेन्नई

यह इंस्टीट्यूट ऑल इंडिया रैंक में 5वें स्थान पर है तथा इसमें फैकल्टी रेशो क्रमश: 21:1 है। यह इंस्टीट्यूट भी एमबीए कैंडिडेट्स के लिए एक सही डेस्टिनेशन साबित हो सकता। इस इंस्टीट्यूट द्वारा मैनेजमेंट में दो साल की अवधि का फुलटाइम पोस्ट ग्रेजुएट डिप्लोमा ऑफर किया जाता है। इस इंस्टीट्यूट में एडमिशन कैट तथा अन्य विभिन्न नेशनल लेवल के एंट्रेंस एग्जाम्स के स्कोर के आधार पर दिया जाता है। देश के विभिन्न हिस्सों से छात्र इस इंस्टीट्यूट में विभिन्न एमबीए कोर्सेज करने के लिए आते हैं। इसलिए एमबीए अभ्यर्थी इस इंस्टीट्यूट में भी एडमिशन लेने पर विचार कर सकते हैं।

अगर किसी कारणवश आपका कैट एग्जाम स्कोर भारत के टॉप आईआईएम से एमबीए प्रोग्राम करने के मुताबिक न हो तो आपके लिए यह लिस्ट बहुत उपयोगी साबित हो सकती है और आप बिना अपना कीमती समय गंवाये इन सुप्रसिद्ध नॉन-आईआईएम एमबीए इंस्टीट्यूट्स या कॉलेजों से बेहिचक अपनी पसंद का एमबीए प्रोग्राम कर सकते हैं। इन सभी एजुकेशनल इंस्टीट्यूट्स में आपको एक्सीलेंट फैकल्टी और एजुकेशनल एनवायरनमेंट के साथ बेहतरीन प्लेसमेंट्स भी मिलेगी।

जब एक बार आपको एमबीए कॉलेज में एडमिशन मिल जाता है तो अपने शुरूआती दौर से ही पढ़ाई के साथ-साथ अपने अन्दर प्रबन्धन की क्षमता का विकास करना शुरू कर दें। हमारे देश की सबसे अच्छी बात यह है कि अगर हम इसकी प्राचीनतम इतिहास या संस्कृति या साहित्य की तरफ देखें तो हर जगह किसी न किसी रूप में चीजों को सही तरीके से मैनेज करने की सीख मिलती है चाहे वो रणक्षेत्र हो, संन्यासियों का अखाड़ा हो या अपना घर परिवार चलाने की जिम्मेदारी। ऐसे में छात्र अपने धार्मिक ग्रन्थ महाभारत से बहुत कुछ सीख सकते हैं।

अब जब एक बार छात्र इस परीक्षा में सफल हो जाते हैं तब उनके समक्ष चुनौती होती है अपने लिए सही एमबीए प्रोग्राम तथा कॉलेज चुनने की। सबसे पहले उन्हें यह समझ में ही नहीं आता कि वे किस कोर्स का चयन करें। वे अपने सीनियर तथा जानकार से इसके बारे में जानने की कोशिश तो करते हैं लेकिन सही जानकारी या ज्ञान के अभाव में अपनी योग्यता और रूचि के विपरीत कोर्सेज या प्रोग्राम का चयन कर बैठते हैं जिससे आगे चलकर उन्हें बहुत सारी अवांछित कठिनाइयों का सामना करना पड़ता है।

लेकिन जो छात्र किसी भी कारणवश एमबीए नहीं कर पायें और कॉर्पोरेट क्षेत्र में अपना करियर बनाना चाहते हैं तो उन्हें यह सोचकर दुखी या उदास होने की जरूरत नहीं है कि उन्होंने एमबीए नहीं की है।

भारत में भी अब एमबीए के विभिन्न कोर्सेज छात्र की पहली पसंद बन चुके हैं और इसका कारण है, 'आकर्षक सैलरी पैकेज' के साथ प्रोफेशनल स्टेबिलिटी और समाज से मिलने वाला सम्मान। आजकल के नियोक्ता, अभ्यर्थियों को रिक्रूट करने से पहले उनके वर्क एक्सपीरियंस को वरीयता देने के साथ-साथ उन प्रोफेशनल्स की मैनेजमेंट स्किल्स पर भी काफी ध्यान देते हैं। अगर अभ्यर्थी के पास वर्क एक्सपीरियंस थोड़ा कम भी हो लेकिन मैनेजमेंट स्किल्स बेहतरीन हों तो नियोक्ता निश्चित रूप से ऐसे अभ्यर्थियों को अपनी कंपनी में नियुक्त कर लेते हैं। इसलिए ऐसे प्रोफेशनल्स जो अपनी वर्क-क्षेत्र में लगातार तरक्की करना चाहते हैं, उनके लिए एग्जीक्यूटिव एमबीए प्रोग्राम

आज एक महत्त्वपूर्ण प्रोग्राम बन चुका है। लेकिन आजकल हमारे देश में भी इतने अधिक एमबीए स्पेशलाइजेशन प्रोग्राम्स हैं कि जब छात्र के सामने कोई एक सूटेबल एग्जीक्यूटिव एमबीए प्रोग्राम चुनने की बात आती है तो वे संदेह में पड़ जाते हैं कि आखिर वे अपने लिए कौन-सा सही एमबीए एग्जीक्यूटिव प्रोग्राम चुनें? यहां छात्रों के लिए कुछ महत्त्वपूर्ण बातें पेश हैं जो उनको अपने लिए एक सही एग्जीक्यूटिव एमबीए प्रोग्राम चुनने में सहायता करेंगे।

केवल एग्जीक्यूटिव प्रोफेशनल्स के लिए ही नहीं होते हैं ये एग्जीक्यूटिव एमबीए प्रोग्रामः

ट्रेडिशनल एमबीए प्रोग्राम में स्पेशलाइजेशन प्रोग्राम प्रोफेशनल्स को सिर्फ फंक्शनल स्पेशलिस्ट बनाने पर जोर देता है। लेकिन एग्जीक्यूटिव एमबीए प्रोग्राम वास्तव में ट्रेडिशनल एमबीए प्रोग्राम से कहीं ज्यादा महत्त्वपूर्ण और फायदेमंद है क्योंकि इसके तहत बिजनेस यूनिट लेवल पर डिसीजन मेकिंग, लॉजिकल थिंकिंग और संबंधित कंपनी के स्टेकहोल्डर्स के इंटरेट्स पर विशेष जोर दिया जाता है।

इसलिए ब्रॉडर प्रोफेशनल नेटवर्क के लिए यह जरूरी है कि छात्र किसी एग्जीक्यूटिव एमबीए प्रोग्राम को चुनने का मन बनायें और उस पर विचार करें। इसके लिए उनके पास एग्जीक्यूटिव एमबीए प्रोग्राम्स के बारे में अच्छी जानकारी होनी चाहिए क्योंकि आजकल एग्जीक्यूटिव एमबीए प्रोग्राम्स के तहत भी कई किस्म के स्पेशलाइजेशन प्रोग्राम्स शामिल हो गए हैं।

हमारे देश भारत में भी आजकल कई तरह के एग्जीक्यूटिव एमबीए प्रोग्राम्स विभिन्न एजुकेशनल इंस्टीट्यूट्स द्वारा कराये जा रहे हैं। लेकिन छात्रों को अपने प्रोफेशनल इंटरेस्ट और टेलेंट या एजुकेशनल क्वालिफिकेशन्स के मुताबिक यह सुनिश्चित करना होगा कि कौन-सा एग्जीक्यूटिव एमबीए प्रोग्राम उनके लिए सर्वाधिक फायदेमंद है? इसके लिए उनको निम्नांकित बातों के बारे में अच्छी जानकारी होनी चाहिए जैसे कि,

1. एग्जीक्यूटिव एमबीए प्रोग्राम के लिए टाइम शेड्यूलिंग एक जरूरी कार्य है

सभी एग्जीक्यूटिव एमबीए प्रोग्राम्स अपने करिकुलम, समय और स्थान के हिसाब से बिलकुल अलग-अलग होते हैं। वास्तव में ये एग्जीक्यूटिव एमबीए प्रोग्राम्स पार्ट टाइम प्रोग्राम्स हैं। इसलिए आपको कोई ऐसा एग्जीक्यूटिव एमबीए प्रोग्राम चुनना चाहिए जिसके लिए आप अपने डेली रूटीन के काम करते हुए भी बहुत आसानी से समय निकाल सकें।

एग्जीक्यूटिव एमबीए प्रोग्राम की टाइमिंग्स आपके वर्क शेड्यूल से मैच होनी चाहिए। अगर इस प्रोग्राम का समय आपके लिए सूटेबल नहीं है तो शायद आपको अपने रोजगार के लिए यह एग्जीक्यूटिव एमबीए प्रोग्राम बीच में ही छोड़ना पड़े।

यदि आप किसी एग्जीक्यूटिव एमबीए प्रोग्राम में एडमिशन लेना चाहते हैं तो इसके लिए छात्रों को अपने लिए एक सूटेबल डेली रूटीन सेट करना होगा ताकि वे बिना किसी तनाव के अपने सभी असाइनमेंट्स आसानी से पूरे कर सकें। दरअसल, आपको अपने वर्तमान वर्किंग शेड्यूल में ही अपनी वर्तमान जॉब और अपने एग्जीक्यूटिव एमबीए प्रोग्राम के बीच संतुलन कायम करना होगा।

अगर संभव हो सके तो एग्जीक्यूटिव एमबीए प्रोग्राम की क्लासेज अवश्य करें। एग्जीक्यूटिव एमबीए प्रोग्राम चुनते समय अपने वर्क और टाइम शेड्यूल पर पूरा ध्यान देना चाहिए ताकि इससे आपके डेली रूटीन पर कोई असर न पड़े।

2. एग्जीक्यूटिव एमबीए प्रोग्राम को करने में खर्च और इन्वेस्टमेंट पर रिटर्न

किसी भी प्रोग्राम को करते समय उस पर आने वाले खर्च और रेट ऑफ इन्ट्रेस्ट आदि ऐसे फैक्टर्स हैं जिन्हें किसी भी कीमत पर अनदेखा नहीं किया जाना चाहिए। इन्वेस्टमेंट पर रिटर्न कोई एग्जीक्यूटिव एमबीए प्रोग्राम चुनते समय बहुत ही महत्त्वपूर्ण पहलू है जैसे कि, इस कोर्स की फीस को आप कितने दिनों में पुनः कमा सकते हैं आदि पर विचार करना।

सबसे पहले, एग्जीक्यूटिव एमबीए प्रोग्राम की लागत, इन्वेस्टमेंट पर रिटर्न, कोर्स करिकुलम की पूरी लागत (ट्यूशन फीस, स्टडी मटीरियल्स, ट्रेवलिंग एक्स्पेंसेस, फूड और आपके द्वारा अपने ऑफिस से ली गई लीव्स के कारण इनकम में होने वाली हानि सहित) की कैलकुलेशन करने के साथ-साथ एग्जीक्यूटिव एमबीए प्रोग्राम करने के बाद मिलने वाली अनुमानित कमाई का हिसाब लगाने के बाद ही छात्रों को अपने लिए कोई सही कोर्स चुनना चाहिए।

3. भविष्य में होने वाले फायदे का आकलन

इसके लिए छात्र सबसे पहले अपनी प्राथमिकता को सही तरीके से तय करें। वे यह सोचें कि यह एग्जीक्यूटिव एमबीए प्रोग्राम किस तरह भविष्य में उनकी तरक्की में सहायक हो सकता है? एग्जीक्यूटिव एमबीए प्रोग्राम की डिग्री उनके लिए जॉब के कई अवसर उत्पन्न कर सकती है या नहीं। यह डिग्री कई मायनों में उनके लिए फायदेमंद साबित होगी, विशेष रूप से उनकी मौजूदा जॉब में प्रोमोशन पाने में इसकी महत्त्वपूर्ण भूमिका हो सकती है।

4. कोर्स की सम्पूर्ण जानकारी रखना अति आवश्यक है

जब छात्र किसी एग्जीक्यूटिव एमबीए प्रोग्राम में एडमिशन लेने के बारे में सोचें तो उन्हें सबसे पहले उस कोर्स का सिलेबस, जिस संस्थान में एडमिशन लेना चाहते हैं उसकी रैंकिंग तथा मार्केट में उस कोर्स की वैल्यू और उसके प्रसिद्ध पूर्व छात्रों के विषय में सही और पूरी जानकारी प्राप्त करने की कोशिश करना चाहिए। इससे आगे चलकर किसी भी कोर्स को पढ़ने में छात्रों को काफी मदद मिलेगी।

इसके अलावा, छात्र अपने एग्जीक्यूटिव एमबीए प्रोग्राम की रेटिंग जरूर देखें और फिर उस एग्जीक्यूटिव एमबीए कोर्स में एडमिशन लेने के बारे में कोई निर्णय लें। कुछ एजुकेशनल इंस्टीट्यूट अपने पूर्व छात्रों के क्लासरूम में सीखने के अनुभव साझा करने के लिए उन पूर्व छात्रों का एक्सेस भी अपने मौजूदा छात्रों को प्रदान करते हैं ताकि छात्र इसका लाभ उठा सकें स अगर संभव हो सके तो इसका फायदा उठायें।

5. विषय सामग्री (कोर्स कंटेंट)

हमेशा किसी ऐसे संस्थान या कॉलेज में एडमिशन लेने की कोशिश करनी चाहिए जहां इंडस्ट्री के मौजूदा विकास के हिसाब से अपडेटेड सिलेबस पढ़ाया जाता हो। यदि आपको इंडस्ट्री से अपडेटेड रखने के लिए आपका सिलेबस बार बार चेंज किया जाता हो तो यह काफी अच्छी बात है और छात्र किसी भी एग्जीक्यूटिव एमबीए कोर्स में एडमिशन लेने से पहले इस बात का विशेष रूप से ध्यान रखें। कई ऐसी शैक्षणिक संस्थाएं हैं जो अभी भी पुराने सिलेबस को ही पढ़ाते हैं और इंडस्ट्री में हो रहे नए अपडेट तथा इन्वेंशन से उन्हें कोई लेना-देना नहीं होता है। छात्रों या अभ्यर्थियों को इस तरह के शैक्षणिक संस्थाओं से हमेशा बचना चाहिए क्योंकि वे भविष्य में आपके लिए मददगार साबित नहीं होंगे। सिर्फ किताबी ज्ञान प्रदान करने वाले किसी कोर्स को चुनने के बजाए छात्र अपने लिए अधिक इंटरैक्टिव और रोचक कोर्स का ही चयन करें।

6. फैकल्टी मेंबर्स के बारे में सही-सही जानकारी रखना

फैकल्टी मेंबर्स की शैक्षणिक योग्यता, कार्य अनुभव और क्लासेज में उनके पढ़ाने के तरीकों को देखना तथा उस पर गौर करना छात्रों लिए बहुत जरूरी है। इस बात की परख अवश्य करें कि आप जिस इंस्टीट्यूट या कॉलेज से एग्जीक्यूटिव एमबीए प्रोग्राम करने जा रहे हैं, उसके फैकल्टी मेंबर्स अपने क्षेत्र का कितना अनुभव रखते हैं तथा उनका "वे ऑफ टीचिंग" कैसा है? अच्छे फैकल्टी मेंबर्स

का ग्रुप आपको अपने कोर्स को सीखने तथा समझने में बहुत सहायता दे सकता है। किसी भी शैक्षणिक संस्थान में अच्छे और अनुभवी फैकल्टी ग्रुप का होना बहुत आवश्यक है ताकि छात्रों को किसी तरह की परेशानी न हो। फैकल्टी मेंबर्स के सही दिशा निर्देश के अभाव में कोई भी एग्जीक्यूटिव एमबीए कोर्स पूरा करना एक चुनौतीपूर्ण कार्य साबित हो सकता है।

7. इंटरनेशनल एक्सपोजर

एग्जीक्यूटिव एमबीए प्रोग्राम के दौरान, छात्र दुनिया के विभिन्न हिस्सों के विभिन्न छात्रों से मिलेंगे। इससे उनको इंटरनेशनल एक्सपोजर मिलेगा और इसके लिए उन्हें अपने प्रोफेशनल नेटवर्क को बढ़ाना होगा। इस दौरान छात्र न केवल लोकल बिजनेस की बारीकियों को समझते हैं बल्कि वे इंटरनेशनल बिजनेस से जुड़े रुझानों को भी समझने लगते हैं। यदि अभ्यर्थी के रूप में छात्र एक ऐसा एग्जीक्यूटिव एमबीए प्रोग्राम चुनते हैं जिसमें इंटरनेशनल एक्सपोजर पर फोकस किया जाता हो तो अवश्य ही उनको भविष्य में विदेश जाने का मौका मिल सकता है।

अपना व्यवसाय बढ़ाने की इच्छा रखने वाले डेडिकेटेड प्रोफेशनल्स के साथ काम करने और उनसे सीखने का बहुत लाभ छात्र को इस कोर्स के माध्यम से मिलता है। चूंकि यह एक पार्ट टाइम कोर्स है इसलिए, छात्रों ने क्लास रूम में जो सीखा है। उसे वे अपनी प्रैक्टिकल लाइफ या बिजनेस में अप्लाई कर सकते हैं। यह उनके लिए इस एग्जीक्यूटिव एमबीए कोर्स को चुनने का अतिरिक्त फायदा सिद्ध होगा।

कुछ सीखना, उसके अनुरूप काम करना, सीखे गए फैक्ट्स को अप्लाई करना बिजनेस से जुड़े ज्ञान को काफी बढ़ा देता है। सभी इंस्टीट्यूट्स में एग्जीक्यूटिव एमबीए प्रोग्राम करने वाले प्रोफेशनल्स की जरूरतों को पूरा करने के लिए अलग-अलग समय होता है क्योंकि हरेक अभ्यर्थी का अपना करियर, वित्तीय स्थिति और जॉब के मुताबिक अलग-अलग आवश्यकताएं होती हैं।

अतः यह बहुत महत्त्वपूर्ण है कि एमबीए करने की इच्छा रखने वाले एग्जीक्यूटिव एमबीए प्रोग्राम के विषय में जरूरी और पूरी जानकारी हो ताकि वे जरूरत और वरीयता के हिसाब से अपने लिए कोई सूटेबल एग्जीक्यूटिव एमबीए प्रोग्राम चुन सकें।

अब डिजिटल मीडिया का दौर शुरू हो चुका है। हर चीज ऑनलाइन होने लगी है। अब ज्यादातर संस्थान ऑनलाइन एमबीए प्रोग्राम करा रहे हैं और अभ्यर्थियों के लिए ये प्रोग्राम लाभदायक तथा करियर ग्रोथ में सहायक भी सिद्ध हो रहे हैं। इसलिए आजकल अधिकांश अभ्यर्थियों का जोर ऑनलाइन एमबीए प्रोग्राम करने पर भी होता है।

ऑनलाइन एमबीए प्रोग्राम का चयन करते समय कुछ खास बातों का रखें ध्यान

सही ऑनलाइन एमबीए प्रोग्राम का चयन अक्सर यह निर्धारित करने में महत्त्वपूर्ण भूमिका निभाती है कि आपको कितना अच्छा काम मिलेगा या आप अपने जीवन में कितने सफल हो सकते हैं? आजकल ऑनलाइन एमबीए प्रोग्राम न केवल प्रोफेशनल्स के मध्य बल्कि युवा एमबीए उम्मीदवारों के बीच भी लोकप्रिय होता जा रहा है।

इंटरनेट पर एक क्लिक से दुनिया-भर की सारी खबरों में से अपने लिए जरूरी जानकारी प्राप्त करना आजकल बच्चों को भी आ गया है क्योंकि पूरी दुनिया में अब डिजिटल क्रांति का समावेश हो चुका है। आजकल केवल कुछ ही सेकंड्स में आपके फिंगरटिप्स पर दुनिया-भर की सारी जानकारी ऑनलाइन उपलब्ध है। ऐसे में, एजुकेशन सेक्टर भी पीछे नहीं है और दुनिया भर की सभी सुप्रसिद्ध शैक्षणिक संस्थाएं अपने छात्र के लिए ग्रेजुएशन और पोस्टग्रेजुएशन लेवल के रेगुलर कोर्सेज के साथ-साथ अब अनेक ऑनलाइन एजुकेशनल और प्रोफेशनल कोर्सेज भी करवा रही हैं। विभिन्न प्रोफेशनल्स और छात्र के लिए सबसे अच्छी बात तो यह है कि सभी एजुकेशनल इंस्टीट्यूशन्स अपने छात्र को कोई ऑनलाइन कोर्स सफलतापूर्वक पूरा करने के बाद उस ऑनलाइन कोर्स के लेवल के मुताबिक सर्टिफिकेट, डिग्री या डिप्लोमा भी प्रदान करते हैं।

इतना ही नहीं, सही ऑनलाइन एमबीए प्रोग्राम का चयन करने पर आपकी प्रोफेशनल कामयाबी और सफल जीवन की संभावना भी काफी बढ़ जाती है। आजकल ऑनलाइन एमबीए प्रोग्राम विभिन्न प्रोफेशनल्स के साथ युवा एमबीए अभ्यर्थियों के बीच भी काफी पसंद किया जा रहा है। घर से ही लेक्चर अटेंड करने की सुविधा और अपने समय के मुताबिक कोर्स स्टडी करने की व्यवस्था जैसे कई अन्य कारण हैं जिनकी वजह से विभिन्न प्रोफेशनल्स और छात्र के बीच ऑनलाइन एमबीए प्रोग्राम्स काफी लोकप्रिय हो रहे हैं। इसके अलावा, ऑनलाइन एमबीए प्रोग्राम्स का सिलेबस इंडस्ट्री की डिमांड के मुताबिक होता है और ये कोर्सेज आमतौर पर मध्यम वर्गीय बजट के अनुकूल होते हैं। ऑनलाइन एमबीए प्रोग्राम में छात्र अपनी किसी दुविधा को फैकल्टी मेम्बर से ऑनलाइन बातचीत करके दूर कर सकते हैं। लेकिन, छात्र को अपने लिए कोई उपयुक्त ऑनलाइन एमबीए प्रोग्राम चुनते समय काफी सावधानी बरतनी चाहिए और कुछ महत्त्वपूर्ण बातों का विशेष रूप से ध्यान रखना चाहिए। जैसे कि:

अपने लिए सही ऑनलाइन एमबीए प्रोग्राम की पहचान करना

इंटरनेट पर ऑनलाइन एमबीए प्रोग्राम कराने वाले कई संस्थान भरे पड़े हैं। चूंकि यह आपके करियर से जुड़ा एक काफी महत्त्वपूर्ण निर्णय है। इसलिए इस सन्दर्भ

में आपको यह पता होना चाहिए कि किस कोर्स के जरिये आपके स्किल्स ज्यादा निखरेंगे? हरेक स्टूडेंट की प्राथमिकतायें और पसंद अलग-अलग होती हैं। किस प्रोग्राम को करने पर उन्हें अधिकतम फायदा होगा यह उनकी व्यक्तिगत सोच, रहन-सहन तथा जरूरत पर निर्भर करता है।

इसलिए अपने लिए कोई उचित ऑनलाइन एमबीए प्रोग्राम चुनना आपके लिए बहुत महत्त्वपूर्ण है ताकि आपका मूल्यवान समय और धन व्यर्थ में बर्बाद न हो। इसलिए सबसे पहले आप अपना लक्ष्य निर्धारित करें और फिर, उस लक्ष्य के अनुरूप किसी ऑनलाइन एमबीए प्रोग्राम का चयन करने का प्रयास करें।

ऑनलाइन कोर्स एक्रेडिटेशन के बारे में पर्याप्त जानकारी

कोई भी ऑनलाइन एमबीए प्रोग्राम करते समय इस बात का पूरा ध्यान रखें कि आप जो कोर्स कर रहें उसे किसी विश्वविद्यालय या एजुकेशनल बॉडी से मान्यता प्राप्त है या नहीं। मार्केट में कई ऐसे संस्थान भी आपको मिलेंगे जो बिना किसी मान्यता के ही प्रोफेशनल डिग्री प्रदान कर रहे हैं। ऐसी डिग्रियों से सावधान रहें क्योंकि भविष्य में इनका कोई महत्त्व नहीं रहता। सभी कम्पनियां या इंस्टीट्यूट्स किसी मान्यता प्राप्त इंस्टीट्यूट्स से किये गए ऑनलाइन एमबीए प्रोग्राम को ही वरीयता देते हैं तथा किसी मान्यता प्राप्त इंस्टीट्यूट से एमबीए करने वाले उम्मीदवार को ही जॉब देना चाहते हैं। अगर आप किसी बिना मान्यता प्राप्त इंस्टीट्यूट या विश्वविद्यालय से कोई ऑनलाइन एमबीए कोर्स करते हैं तो आपका समय और पैसा, दोनों बर्बाद होगा। इसलिए इस मामले में हमेशा सावधानी बरतें और सजग रहें।

ऑनलाइन एमबीए प्रोग्राम की शुद्ध लागत

ऑनलाइन एमबीए प्रोग्राम आमतौर पर कैंपस एमबीए प्रोग्राम की तुलना में बहुत सस्ता होता है। किसी भी ऑनलाइन एमबीए प्रोग्राम की कम फीस अक्सर आपको अपना कोर्स पूरा करने और कम खर्च पर अपनी डिग्री प्राप्त करने में मदद करती है। इसलिए यदि आपके पास सीमित संसाधन हैं तो आप ऑनलाइन एमबीए प्रोग्राम का ऑप्शन चुन सकते हैं। वैसे हर इंस्टीट्यूट की फीस अलग-अलग होती है। कुछ इंस्टीट्यूट्स की फीस बहुत ज्यादा तथा कुछ की सामान्य होती है। इसलिए अपने बजट के अनुसार ही अपने लिए किसी ऑनलाइन कोर्स का चयन करें। इसके अतिरिक्त सभी छात्रों को यह भी पता होना चाहिए कि ऑनलाइन एमबीए प्रोग्राम में किसी तरह की स्कॉलरशिप की योजना नहीं होती है।

फैकल्टी मेंबर्स का अनुभवी होना बहुत जरूरी

अच्छी क्वालिटी वाली ऑनलाइन एजुकेशन प्राप्त करने के लिए, अच्छे फैकल्टी मेंबर्स की उपलब्धता बहुत जरूरी है। प्रतिष्ठित और अनुभवी फैकल्टी मेंबर्स को पूरे अपडेटेड सिलेबस की जानकारी होती है। छात्र की किसी भी समस्या के समाधान के लिए फैकल्टी मेंबर्स हर समय उपलब्ध रहें। अधिकांश ऑनलाइन फैकल्टीज अपने छात्र को ट्रेडिशनल तरीके से पढ़ाने के बजाय मॉडर्न तरीके से पढ़ाने के लिए जाने जाते हैं। इसलिए इस बात का हमेशा ध्यान रखें कि जिस इंस्टीट्यूट से आप ऑनलाइन एमबीए कोर्स कर रहे हैं वहां टेकसेवी (कंप्यूटर और नेट सेवी) फैकल्टी मेंबर्स का एक ग्रुप है या नहीं। इतना ही नहीं ऑनलाइन प्रोफेसर्स छात्र को कठिन परिस्थितियों में प्रोत्साहित भी करते हैं।

अत्याधुनिक तकनीक का प्रयोग

ऑनलाइन एमबीए प्रोग्राम इंटरनेट के माध्यम से दी जाने वाली जानकारियों पर आधारित होता है। इसलिए इस प्रोग्राम को आगे बढ़ाने में तकनीकी की महत्त्वपूर्ण भूमिका होती है। ऑनलाइन क्लासेज, असाइंमेंट सबमिट करना, वीडियो कॉन्फ्रेंसिंग के जरिये लेक्चर देना या अटेंड करना तथा विभिन्न प्रकार के डिस्कशन में हिस्सा लेना जैसे सभी प्रोग्राम टेक्नोलॉजी (तकनीक) से ही जुड़े होते हैं।

इसलिए पहले से ही यह सुनिश्चित कर लें कि आप जिस प्रोग्राम को करने जा रहे हैं वह आपको अपने क्लासमेट्स या फैकल्टीज के साथ इंटरैक्ट करने की सुविधा उपलब्ध करवाता है या नहीं।

अपडेटेड कोर्स करिकुलम

वास्तव में ऑनलाइन एमबीए प्रोग्राम को पढाने का तरीका तथा उसका सिलेबस हर इंस्टीट्यूट में लगभग समान ही होते हैं। इनमें से अधिकांश ऑनलाइन एमबीए प्रोग्राम्स का स्टडी मटीरियल, असाइनमेंट, एक्टिविटीज, रिसर्च, एग्जाम्स, सिलेबस, प्रोजेक्ट्स और सुझाव लगभग कैंपस प्रोग्राम के समान ही होते हैं। हालांकि इस कोर्स के तहत कैम्पस कोर्स की भांति विस्तृत अध्ययन नहीं कराया जाता है लेकिन पैटर्न समान ही रहता है। विस्तृत अध्ययन नहीं कराया जाना ऑनलाइन एमबीए प्रोग्राम की एक कमी है जिससे कभी-कभी छात्र को नुकसान भी हो सकता है। इसलिए हमेशा सोच समझकर अपने लिए उपयुक्त ऑनलाइन एमबीए प्रोग्राम ही चुनें।

रोजगार के अच्छे अवसर की संभावना

छात्र को जॉब के बेहतर अवसर मिलने में मददगार साबित होने के कारण हाल के कुछ वर्षों में ऑनलाइन एमबीए प्रोग्राम्स बहुत लोकप्रिय हुए हैं। ऐसे प्रोग्राम्स समय की बर्बादी नहीं होते हैं और नियोक्ताओं द्वारा इन्हें मान्यता प्रदान की जाती है। ये प्रोग्राम्स छात्र को अपनी रूचि तथा आवश्यकता के मुताबिक जॉब्स प्राप्त करने के अवसर भी प्रदान करते हैं। लेकिन अगर आपको इस कोर्स के बारे में थोड़ा-सा भी संदेह है, तो रोजगार सुविधाओं की बेहतर समझ रखने के लिए ऑनलाइन एमबीए प्रोग्राम के पूर्व छात्रों के नेटवर्क से इस बात की छानबीन करें। रिक्रूटमेंट के लिए आने वाली कंपनियां, उनके द्वारा ऑफर की जाने वाली सैलरी और अन्य महत्त्वपूर्ण जानकारी अवश्य हासिल करें। प्लेसमेंट के बारे में जानना आपकी पहली प्राथमिकता होनी चाहिए क्योंकि हर स्टूडेंट का एकमात्र लक्ष्य अच्छी जॉब हासिल करना ही होता है। इसलिए किसी भी ऑनलाइन एमबीए प्रोग्राम में एडमिशन लेने से पहले उसके प्लेसमेंट सेल पर जरूर विचार कर लें तभी भविष्य में इसका फायदा आपको मिलेगा।

शिक्षक छात्र अनुपात

किसी भी ऑनलाइन एमबीए प्रोग्राम को चुनते समय सबसे अनदेखी की जाने वाली बात जो है वह है शिक्षक छात्र अनुपात। हमेशा जिस इंस्टीट्यूट में आप एडमिशन लेने जा रहे हैं, उस इंस्टीट्यूट के शिक्षक छात्र अनुपात के बारे में अवश्य जानने का प्रयत्न करें। छात्र की अधिकतम संख्या टीचिंग क्वालिटी को प्रभावित कर सकती है क्योंकि ऐसी परिस्थिति में टीचर सभी छात्र पर व्यक्तिगत रूप से ध्यान नहीं दे सकता है। हो सकता है इससे आपको कठिनाई हो और आप अपना कोर्स अच्छी तरह से नहीं समझ पाएं। जिस इंस्टीट्यूट में शिक्षक छात्र अनुपात कम हो वहीं एडमिशन लेने की कोशिश करें ताकि फैकल्टी आप पर पूरा ध्यान दे सके।

आधुनिक टीचिंग मेथड्स

विभिन्न ऑनलाइन प्रोग्राम्स कई तरह के कोर्सेज ऑफर करते हैं और सबकी टीचिंग मेथडोलॉजी अलग-अलग होती हैं। कुछ कोर्सेज ऐसे हैं जिनके तहत ट्रेडिशनल तरीके से पढ़ाई जाती है जबकि अन्य कुछ ऐसे प्रोग्राम्स हैं जो आपको प्रैक्टिकल तरीके से पढ़ाने पर जोर देते हैं। जो तरीका आपके लिए ज्यादा आरामदायक हो उसे ही आप चुनें। अपने करियर के बारे में कोई भी महत्त्वपूर्ण निर्णय लेने से पहले सभी महत्त्वपूर्ण तथ्यों को अपने दिमाग में अवश्य रखें और

किसी स्मार्ट विकल्प का चयन करते हुए अपने करियर को संवारें तथा अपना भविष्य उज्ज्वल बनायें।

कुछ अभ्यर्थियों के दिमाग में यह बात भी आती है कि कार्य का अनुभव होने के बाद एमबीए करने का क्या फायदा हो सकता है। जब नौकरी लग ही गयी तो अब क्यों करें एमबीए। लेकिन ऐसी बात नहीं है यदि आपके पास कार्य का अनुभव है और आप एमबीए करते हैं तो यह कई मायनों में आपके लिए लाभदायी सिद्ध हो सकती है।

व्यावसायिक अनुभव एमबीए के व्यावहारिक पहलुओं को समझने में सहूलियत प्रदान करता है

सभी एमबीए प्रोग्राम्स क्लास स्टडी तथा केस स्टडी पर बहुत अधिक जोर देते हैं। एमबीए से पहले कार्य अनुभव छात्रों को पाठ्यक्रम से जुड़े व्यावहारिक पक्षों को समझने में सहायक होता है। वे आपको क्लास में पढ़ाए गए तथ्यों के साथ बेहतर रूप से कनेक्ट करने में सहायक होते हैं। इतना ही नहीं ऐसे प्रोफेशनल्स अपने अनुभव के आधार पर हर स्थिति का विश्लेषण भी अत्यधिक विस्तृत तथा सटीक रूप में कर पाते हैं। साथ साथ पढ़ने वाले छात्र भी उनके अनुभव से लाभान्वित होते हैं। कार्य का अनुभव होने के बाद इस कोर्स को करने की सुविधा ही इसे दुनिया के हर कोर्स से कुछ अलग विशिष्टता प्रदान करता है।

मनमुताबिक शीर्ष एमबीए कॉलेजों के चयन की अधिकतम संभावना

यद्यपि एमबीए से पहले कार्य अनुभव का होना भारत के अधिकांश एमबीए इंस्टीट्यूट्स में आवश्यक शर्त नहीं है। लेकिन हर कॉलेज में छात्र के पास के अनुभव को महत्त्व दिया जाता है तथा ऐसे छात्रों को ज्यादा पसंद किया जाता है। संभावित छात्रों का मूल्यांकन करते समय एमबीए कॉलेज उन्हें विभिन्न पैरामीटर के आधार पर मार्क्स देते हैं। ऑल इंडिया काउंसिल फॉर टेक्निकल एजुकेशन (एआईसीटीई) ने पूर्व कार्य अनुभव के साथ एमबीए उम्मीदवारों के लिए चयन प्रक्रिया के दौरान उन्हें 5 प्रतिशत वेटेज देने का निर्णय लिया है। इसके साथ ही अगर किसी कारणवश छात्र के पास एक अच्छा एकेडमिक रिकॉर्ड नहीं हो तो अच्छा काम अनुभव उनके उस बाधा को दूर करने में मददगार साबित हो सकता है।

अत: उन सभी लोगों के लिए जिनके पास एमबीए प्रोग्राम में शामिल होने से पहले एक प्रासंगिक कार्य अनुभव है, के लिए बहुत प्रसन्नता की बात है क्योंकि वे भारत

के विभिन्न शीर्ष एमबीए कॉलेजों द्वारा चुनी गई चयन प्रक्रिया में अन्य आवेदकों की अपेक्षा वेटेज के आधार पर अधिकतम मार्क्स प्राप्त कर सकते हैं।

एक सही करियर के चुनाव में सहयोगी

आमतौर पर एक फ्रेशर को अपने करियर की बेहतर समझ होती है तथा वे अपने हिसाब से ही अपने करियर का चुनाव करते हैं लेकिन कभी कभी ऐसा होता है कि किसी एक स्ट्रीम या कोर्स का चुनाव करने के बाद उन्हें ऐसा लगता है कि वास्तव में उस क्षेत्र में उनकी रूचि तथा योग्यता नहीं है तथा उन्होंने जिस चीज की कल्पना की थी वो इससे भिन्न है। अक्सर युवा दो-तीन नौकरियों को बदलने के बाद भी अपने जुनून की क्षेत्र तलाशते हैं।

प्रारंभिक वर्षों में वे अपना अधिकतम समय एक नए वर्कप्लेस पर व्यतीत करते हैं और इससे मूल्यवान सबक भी सीखते हैं। अपने इस सबक तथा अनुभव से वे अपने बदले हुए कार्य तथा कार्य स्थल में भी कई सकारात्मक बदलाव लाते हैं। यदि छात्र के पास पहले से ही कार्य अनुभव है तो स्वाभाविक है कि छात्र को उस करियर की बेहतर समझ होगी जिसे वे लेना चाहते हैं। स्पष्ट रूप से परिभाषित करियर लक्ष्य के साथ, पिछला ज्ञान और व्यावहारिक अनुभव छात्रों को एकेडमिक और प्रोफेशनल दोनों ही क्षेत्र में सफलता प्रदान करता है तथा तथ्यों को बारीकी से समझने की योग्यता प्रदान करता है।

डिग्री का सर्वश्रेष्ठ उपयोग

कई पेशेवर अपने करियर में आगे बढ़ने के लिए अतिरिक्त ज्ञान और कौशल की आवश्यकता महसूस करते हैं। एमबीए प्रोग्राम उन्हें ऐसा करने का सबसे अच्छा अवसर प्रदान करते हैं। प्रॉब्लम सॉल्विंग स्किल्स के विकास को बढ़ावा देने के लिए लाइव प्रोजेक्ट्स और मैनेजमेंट सिमुलेशन गेम का व्यापक रूप से टॉप बी-स्कूलों में उपयोग किया जाता है। जब छात्र के पास वास्तविक जीवन की स्थिति में काम करने का अनुभव होता है तो छात्र का विजन क्लियर होता है और वे कठिन परिस्थितियों तथा समस्याओं को हल करने के लिए अपने व्यावहारिक ज्ञान का सही उपयोग कर सकते हैं। पाठ्यक्रम के दौरान प्राप्त किये गए नए स्किल्स सेट के साथ अपने पिछले ज्ञान के आधार पर करियर में आगे बढ़ने तथा अपने अन्दर नेतृत्व क्षमता विकसित करने में सफल होते हैं।

पाठ्यक्रम को आसानी से समझना

एमबीए प्रोग्राम का कोर्स अन्य पोस्ट ग्रेजुएट कोर्सेज की तुलना में बहुत अलग है।

वे अधिक गहन और प्रतियोगी होते हैं। इसलिए अधिकतर छात्रों को इस दौरान खुद ही सीखना पड़ता है। ऐसे छात्र जिनमें उत्साह की कमी तथा चुनौतियों का सामना करने की पूर्ण क्षमता न हो वे अपने शुरुआती दौर में बहुत सारी मुश्किलों का सामना करते हैं तथा ये चुनौतियाँ उन्हें बहुत कठिन लगती हैं।

क्लास में उठाए गए विभिन्न मुद्दे सहकर्मी से सीखने के लिए प्रोत्साहित करते हैं और टीम वर्क की भावना का उदय करते हैं। पूर्व कार्य अनुभव वाले छात्रों को आमतौर पर किसी अन्य के दृष्टिकोण की सराहना करना आसान लगता है वहीं एक फ्रेशर इस विषय में पूरी तरह मुक्त विचारधारा के नहीं होते तथा उन्हें इस बात में परेशानी होती है और उस दौरान अगर उनकी पूर्व शिक्षा पर सवाल उठाया जाता है तो उन्हें यह बहुत वेदनाजन्य तथा खराब लगता है।

एमबीए करने की इच्छा, कौन सा प्रोग्राम किया जाय तथा किस संस्थान से किया जाए आदि इन सभी बातों की छानबीन कर लेने के बाद बात आती है कि इसे करने के लिए बजट कैसे जुटाया जाये। सम्पन्न परिवार के छात्र तो इसे आसानी से कर लेते हैं लेकिन निम्न मध्यमवर्गीय परिवार के छात्रों के लिए ये थोड़ा मुश्किल-सा काम हो जाता है। लेकिन इसके लिए छात्रों को घबराने की जरूरत नहीं है। मार्केट में कई ऐसी संस्थाएं या बैंक है जो आपकी पढ़ाई में मदद करने के उद्देश्य से लोन देते हैं। हाँ, लोन लेते समय कुछ विशेष बातों का ध्यान जरूर रखना चाहिए।

उच्च शिक्षा के लिए भारत के मध्यम वर्गीय परिवार के छात्रों को बहुधा लोन लेने की जरूरत पड़ती ही है। इसलिए हर माता-पिता अभिभावक को एजुकेशन लोन के विषय में व्यापक जानकारी होनी चाहिए। अगर उन्हें इस विषय में सही और सम्पूर्ण जानकारी होगी तो जरूरत पड़ने पर वे इसका सही रूप में उपयोग कर अपने या फिर अपने बच्चों की पढ़ाई को सुचारू रूप से जारी रख सकते हैं।

यह बात तो सबको मालूम है कि भारत में शिक्षा का अधिकार एक मौलिक अधिकार है। जब से भारत में शिक्षा के अधिकार को मौलिक अधिकार का दर्जा दिया गया है तब से यहां का हर तबका विशेषकर निम्न मध्यमवर्गीय और निम्न वर्गीय तबका शिक्षा को लेकर बहुत जागरूक हो चुका है और इसके सुखद परिणाम भी हमें देखने को मिल रहे हैं। अब ये तबका देश के आर्थिक विकास में अपना अमूल्य योगदान देने में सक्षम हो रहा है।

लेकिन ग़ौरतलब है कि पिछले कुछ वर्षों से शिक्षा के क्षेत्र में तकनीकी विकास ने शिक्षा प्राप्त करने की लागत में बेतहाशा वृद्धि कर दी है। व्यावसायिक शिक्षा के क्षेत्र में बढ़ती फीसों की दर के कारण हर व्यक्ति के लिए शिक्षा प्राप्त करना अब उतना

आसान नहीं रह गया है। समाज में कुछ लोग सामान्य परिस्थितियों में अपनी बचत के विभिन्न साधन जैसे म्युचुअल फंड फिक्स्ड डिपोजिट्स आदि का सहारा लेते हैं। लेकिन इसके बाद भी अच्छी शिक्षा कुछ लोगों के लिए एक दूर का सपना ही रह जाता है।

ऐसी परिस्थिति में हम सभी को यह बात पता होनी चाहिए कि भारत में कई सरकारी तथा निजी बैंक जैसे स्टेट बैंक ऑफ इण्डिया, पंजाब नेशनल बैंक, एचडीएफसी, आईसीआईसीआई बैंक और एक्सिस बैंक आदि हैं, जो छात्रों को उनकी पढ़ाई पूरी करने के लिए लोन के रूप में अनुदान देते हैं।

एजुकेशन लोन से सम्बन्धित महत्त्वपूर्ण जानकारी

एजुकेशन लोन लेने की कुछ आवश्यक शर्तें

- भारतीय नागरिकता प्राप्त कोई भी वयस्क व्यक्ति जो उच्च शिक्षा प्राप्त करना चाहते हैं वे एजुकेशन लोन के लिए आवेदन कर सकते हैं। एजुकेशन लोन के लिए संबन्धित छात्र के अलावा उनके माता-पिता, भाई-बहन या पति/पत्नी आदि में से कोई सह-आवेदक के रूप में आवेदन कर सकते है।
- एजुकेशन लोन के लिए सामान्यत: वे ही छात्र योग्य होते हैं जिन्होंने भारत के अंदर या विदेश में उच्च शिक्षा संस्थान में प्रवेश निश्चित रूप से ले लिया हो।
- ध्यान रखें बैंक ऋण लेने वाले की रिपेमेंट करने की क्षमता की भी जांच करते हैं और लोन उसे ही देते हैं जो इसका पुनर्भुगतान कर सकें।
- एजुकेशन लोन को या तो छात्र के अभिभावक या फिर वह स्वयं पढ़ाई पूरी होने के बाद बैंक को लौटा सकते हैं। इसके अलावा बैंक ऋण देने से पहले एक गारंटर की भी शर्त रखते हैं। यह गारंटर, ऋण लेने वाले का करीबी रिश्तेदार या फिर अभिभावक कोई भी हो सकता है।

किस तरह के कोर्सेज के लिए बैंक एजुकेशन लोन देते हैं ?

भारतीय बैंक, छात्रों को भारत या भारत से बाहर विदेशों में पढ़ने के लिए एजुकेशन लोन दे सकता है। भारतीय सरकार छात्रों की बारहवीं कक्षा की पढ़ाई से लेकर उससे आगे तक की स्नातक, स्नातकोत्तर, पी.एच.डी., इंजीनियरिंग, मेडिकल, कृषि, लॉ, डेंटल, प्रबंधन, कंप्यूटर विषयों में पढ़ाई के लिए एजुकेशन लोन देता है। इसके अलावा यदि छात्र मान्यता प्राप्त शिक्षण संस्थान से कंप्यूटर कोर्स, आईसीडब्लूए, सीए आदि का अध्ययन कर रहे हों, तो वो भी एजुकेशन लोन के लिए आवेदन कर सकते हैं। विदेश में शिक्षा लेने वाले इच्छुक छात्र यदि चाहें तो उन्हें भी एजुकेशन लोन मिल सकता है। इसके लिए उन्हें किसी प्रसिद्ध और मान्यता प्राप्त यूनिवर्सिटी से किसी प्रकार

का प्रोफेशनल या टेक्निकल कोर्स के अलावा, स्नातक, स्नातकोत्तर, एमसीए, एमबीए, एमएस आदि में प्रवेश लेना जरूरी है।

किन किन खर्चों के लिए मिलता है एजुकेशन लोन ?

बैंक छात्रों को एजुकेशन लोन के अंतर्गत वो सारे खर्चे पूरे करने के लिए राशि देते हैं जो उनके अध्ययन के लिए जरूरी होते हैं। इन खर्चों में हर प्रकार की फीस जैसे, ट्यूशन, हॉस्टल, एग्जाम, लेबोरेट्री, लाइब्रेरी, यूनिफॉर्म आदि शामिल हैं। इसके अलावा छात्र किताबें, ईक्विपमेंट और इन्स्ट्रूमेंट्स का खर्चा भी एजुकेशन लोन से पूरा कर सकते हैं। अगर छात्र ने विदेश के किसी भी संस्थान में प्रवेश लिया है तो पढ़ाई के लिए जाने का खर्चा, पढ़ाई के दौरान करने वाले स्टडी टूर, प्रोजेक्ट वर्क और थीसिस आदि पर होने वाला खर्चा भी इस लोन से चुकाया जा सकता है। अर्थात् पढ़ाई से संबन्धित हर प्रकार का व्यय एजुकेशन लोन के माध्यम से चुकाया जा सकता है।

कितने पैसे मिल सकते हैं एजुकेशन लोन के तहत ?

आजकल बैंक शिक्षा ऋण के मामले में काफी उदार हो गए हैं और शिक्षा खर्च का 100% तक लोन मिल सकता हैं। नए नियमों के अनुसार यदि आपने देश के ही किसी संस्थान में एजुकेशन लेने का निर्णय लिया है, तो आप वहाँ की शिक्षा के लिए चार लाख रुपए तक का ऋण बहुत आसानी से ले सकते हैं। यदि यह राशि 4 लाख से अधिक है तो छात्र को कुल शिक्षा खर्च या जरूरी राशि के 5-15% तक स्वंय इंतजाम करना होता हैं। यह राशि घरेलू कोर्स के संबंध में 5% है और विदेशी कोर्स के संबंध में 15% होती है।

जरूरी कागजात

सबसे पहले तो यह जानने के बावजूद भी कि बैंक शिक्षा के लिए लोन देते हैं कुछ अभिभावक और छात्र यह समझ ही नहीं पाते हैं कि इसके लिए हमें करना क्या होगा? इसके लिए कुछ विशेष करने की आवश्यकता नहीं होती सबसे पहले बैंक जाना होता है फिर एजुकेशन लोन डिपार्टमेंट में बात करने पर वे आपसे कुछ कागजात मांगते हैं और उसके आधार पर आपकी लोन लेने की योग्यता यानी आपको लोन मिल सकता है या नहीं और अगर मिलेगा तो कितना मिलेगा आदि का निर्णय लेते हैं। वे जरूरी कागजात होते हैं-

1. जिस कोर्स में एडमिशन लेना है उसका प्रमाणपत्र।
2. निर्धारित कोर्स का प्रोस्पेक्ट्स।

3. लोन के लिए आवेदन फॉर्म।
4. आवेदक की पूरी जानकारी जिसमें उसके पते, पहचान और हस्ताक्षर आदि के प्रमाण स्पष्ट रूप से वर्णित हों।
5. उस व्यक्ति की आय का प्रमाण पत्र जो गारंटर बना है।
6. अगर विदेश में पढ़ाई करने जा रहे हैं तो उस यूनिवर्सिटी का का कॉल लेटर।
7. विदेशी कोर्स के लिए वीज़ा और यात्रा से जुड़े सभी कागजात।
8. लोन के लिए किये गए आवेदन पत्र में दिखाये गए खर्चों की विस्तृत सूची।
9. फोटोग्राफ।

इसके अलावा यदि आप बैंक से किसी प्रकार की छूट लेने जा रहे हैं- जैसे कुछ बैंक महिलाओं को ब्याज दर में छूट देते हैं या फिर लोन देने में प्री-पेमेंट का चार्ज नहीं करते हैं तो आपको इस संबंध में बैंक द्वारा मांगे गए आवश्यक प्रमाण पत्र प्रस्तुत करने होंगे।

लोन के लिए आवेदन करते समय यह देख लेना भी बहुत जरूरी है कि जहां आपने प्रवेश लिया हो वो संस्थान मान्यता प्राप्त है या नहीं, अगर संस्थान मान्यता प्राप्त नहीं है तो आपका लोन के लिए आवेदन नामंजूर हो सकता है। इतना ही नहीं यह बात उन कोर्सेज के लिए भी लागू होती है जिन कोर्सेज को आप करना चाहते हैं। संस्थान के अतिरिक्त कोर्सेज का भी यूजीसी से मान्यता प्राप्त होना जरूरी है।

कुछ बैंक एजुकेशन लोन के आवेदन के साथ ही बैंक गारंटर की बैंक स्टेटमेंट, इनकम टैक्स रिटर्न की कॉपी के साथ ही छात्र की एसएससी, एचएससी और डिग्री की मार्क स्टेटमेंट भी जमा करते हैं। यदि आपने कोई स्कॉलरशिप लिया है तो इसके प्रूफ लेटर की कॉपी भी एजुकेशन लोन के आवेदन के साथ लगानी पड़ सकती है।

एजुकेशन लोन के लिए बैंक द्वारा लिया जाने वाला सिक्योरिटी

बैंक ऋण देने से पहले ही इसके पुनर्भुगतान यानी लोन री-पेमेंट की व्यवस्था कर लेते हैं और लोन केवल उसी व्यक्ति को देते हैं जिन्हें देखकर उन्हें लगता है कि वो व्यक्ति विशेष इसके री-पेमेंट की क्षमता रखते हैं। जो छात्र चार लाख रुपए तक का ऋण लेते हैं वो इसे अपने अभिभावकों के साथ संयुक्त रूप से ले सकते हैं और इसमें किसी प्रकार की सिक्योरिटी की अलग से जरूरत नहीं होती है। यदि यह ऋण राशि 4 से 6.5 लाख रुपए के बीच है तो एक तीसरे व्यक्ति की गारंटर के रूप में जरूरत पड़ सकती है। लेकिन जब यह ऋण राशि 6.5 से अधिक है तो बैक सिक्योरिटी के

रूप में कोई संपत्ति बंधक के रूप में रखने को कह सकते हैं। अभिभावक इसके लिए प्रॉपर्टी, फिक्स्ड डिपोजिट, एलआईसी के बॉन्ड आदि का भी उपयोग कर सकते हैं।

एजुकेशन लोन के तहत लिए जाने वाले ब्याज दर

बैंकों द्वारा छात्रों को दिया जाने वाला एजुकेशन लोन बैंक के किसी भी अन्य लोन जैसे पर्सनल लोन, बिजनेस लोन आदि की तुलना में थोड़ा सस्ता होता है। वैसे इन ऋणों के ब्याज की दरें, लिए जाने वाले ऋण पर निर्भर करतीं हैं। आजकल बैंक 9.7 से 12.6% की ब्याज दर से एजुकेशन लोन दे रहे हैं। ज्यादातर मामलों में ये लोन 15 वर्ष की अवधि के होते हैं। ब्याज का निर्धारण फिक्स्ड या फ्लोटिंग दरों के आधार पर किया जा सकता है।

एजुकेशन लोन को पूरा करने की शर्तें

एजुकेशन लोन को चुकाने के लिए अर्थात् उसके री-पेमेंट लिए बैंक छात्रों को एजुकेशन से जुड़े कोर्स के समाप्त होने तक का समय देते हैं और उसके बाद ही या तो एक साल बाद या फिर नौकरी लगने के छह महीने बाद ऋण की किस्त को भुगतान करने की प्रक्रिया को शुरू करते हैं।

एजुकेशन लोन के कुछ फायदे; आयकर में छूट का प्रावधान

बैंक द्वारा दिए जाने वाले अन्य लोन जैसे होम लोन, पर्सनल लोन तथा कार आदि के लिए दिए जाने वाले लोन की भांति एजुकेशन लोन पर भी आयकर में छूट का विकल्प है। आयकर की धारा 80 ई के अनुसार, एजुकेशन लोन पर दिये गए ब्याज दर को आप अपनी कर योग्य आय में से घटा सकते हैं। यह प्रावधान पहले साल से लेकर आठ वर्षों तक जारी रहता है। यह छूट उसी व्यक्ति को मिलती है जिसने इस लोन के लिए आवेदन किया हो। यदि एजुकेशन लोन किसी छात्र ने अपने नाम से लिया है तो वह ऋण वापसी की पहली किस्त के अदा करने के साथ ही यह छूट भी ले सकता है। लेकिन यदि आवेदक छात्र के अभिभावक हैं तो यह लाभ छात्र को नहीं मिल सकता है।

इस प्रकार हम देखते हैं कि छात्रों के भविष्य को उज्ज्वल बनाने की दिशा में एजुकेशन लोन का बहुत बड़ा योगदान और महत्त्व है। लेकिन एक बात हमेशा याद रखनी चाहिए कि छात्रों के व्यावहारिक जीवन का यह पहला ऋण लेने का अनुभव होता है, इसलिए भविष्य में किसी अन्य काम के लिए लोन लेने हेतु एजुकेशन लोन का समय से और पूरा भुगतान किया जाना बहुत जरूरी होता है। इसका भुगतान जितना

जल्दी हो सके करने का प्रयत्न करना चाहिए। ऐसा नहीं करने पर कभी-कभी बहुत अधिक मुश्किलों का सामना करना पड़ सकता है।

ये तो हुई एजुकेशन के लिए मिलने वाले या फिर यूँ कहें बैंक द्वारा दिए जाने वाले एजुकेशन लोन की जानकारी। आगे अब हम यह जानने का प्रयत्न करते हैं कि एमबीए करने के लिए किस तरह के एजुकेशन लोन बैंक द्वारा किन-किन शर्तों पर दिए जाते हैं ताकि एमबीए करने की इच्छा रखने वाले छात्र इस विषय में पूर्ण तथा सही जानकारी प्राप्त कर उसका सही समय पर यथोचित लाभ उठा सकें।

एमबीए के लिए एजुकेशन लोनः आवश्यक और मुख्य बातें

हमारे देश भारत में आजकल एमबीए की पढ़ाई काफी महंगी हो चुकी है और एमबीए की पढ़ाई के लिए बैंको से लोन हासिल करना ठीक वैसा ही है जैसे कि कोई एंट्रेंस एग्जाम पास कर किसी अच्छे कॉलेज में अपने लिए एक सीट सुरक्षित करना। जब भी एजुकेशन लोन की बात होती है तो यह देखा गया है कि एमबीए के अधिकतर छात्र एजुकेशन लोन के जरिये ही अपनी पढ़ाई पूरी करना चाहते हैं क्योंकि एमबीए की डिग्री हासिल करने के लिए छात्र को दिन-रात मेहनत करने के साथ-साथ आजकल लाखों रुपये भी खर्च करने पड़ते हैं। हमारे देश भारत में छात्र को कई लाख रुपये तक एजुकेशन लोन मिलता है। दरअसल, लोन या ऋण लेने के कुछ खतरे भी होते हैं और किसी एमबीए कोर्स के लिए लिया जाने वाल लोन भी इस खतरे से परे नहीं है। इस वजह से एमबीए करते समय या उसके बाद भी छात्रों को कई तरह की परेशानियों का सामना करना पड़ सकता है। इसलिए सही एजुकेशन लोन का चुनाव भी अपने-आप में काफी महत्त्वपूर्ण कदम है।

एमबीए एजुकेशन लोन लेने के लिए जरूरी कागजात

हमारे देश भारत के अधिकतर छात्र एमबीए करना चाहते हैं लेकिन एमबीए कोर्स के लिए लाखों रुपये की फीस देना सबके बूते की बात नहीं है। ऐसे में, छात्र एमबीए एजुकेशन लोन के लिए अप्लाई कर सकते हैं और जिसके लिए ये कागजात बहुत जरूरी होते हैं।

हमारे देश भारत में टॉप इंडियन इंस्टीट्यूट ऑफ मैनेजमेंट (IIMs) के साथ-साथ कई अन्य सुप्रसिद्ध विश्वविद्यालय और एजुकेशनल इंस्टीट्यूट्स एमबीए अर्थात मास्टर ऑफ बिजनेस एडमिनिस्ट्रेशन का कोर्स करवाते हैं और अधिकतर छात्र एमबीए करना चाहते हैं ताकि उन्हें काफी अच्छे सैलरी पैकेज के साथ समाज में सम्मान भी मिले।

लेकिन एमबीए कोर्स के लिए लाखों रुपये की फीस देना सबके बूते की बात नहीं है। वस्तुत: किसी अच्छे एमबीए इंस्टीट्यूट में एडमिशन लेना बच्चों का खेल नहीं है क्योंकि आपको नेशनल लेवल का एंट्रेंस एग्जाम पास करना होता है जो काफी टफ एग्जाम होता है। खैर, अगर किसी टॉप बी-स्कूल में एडमिशन मिल भी जाए तो फिर एमबीए कोर्स करने के लिए आपको भारी भरकम फीस भरने की चिंता भी सताती है। आमतौर पर 2 साल के रेगुलर एमबीए कोर्स की फीस लगभग 10 लाख रूपये तक होती है। ऐसे में, छात्र द्वारा फीस की चिंता करना स्वाभाविक है और वे एमबीए एजुकेशन लोन के लिए अप्लाई कर सकते हैं। लेकिन बैंकों से लोन मिलना भी बहुत आसान नहीं है। इसके लिए छात्र को काफी प्रयास करना पड़ता है और एमबीए एजुकेशन लोन अप्लाई करने के लिए कुछ डाक्यूमेंट्स बहुत जरूरी होते हैं। आप इस आर्टिकल में उन डाक्यूमेंट्स के बारे में जानकारी प्राप्त करके लोन के लिए अप्लाई करने से पहले ही वे सभी जरूरी डाक्यूमेंट्स अपने पास रेडी रख लें ताकि आपका कीमती समय बर्बाद न हो।

छात्र एमबीए एजुकेशन लोन के लिए अप्लाई करने से पहले इन महत्त्वपूर्ण प्वाइंट्स पर जरूर गौर करें ताकि उन्हें जल्दी ही अपना लोन अमाउंट मिल जाए।

अपनी वित्तीय जरूरतों का एकदम सही अनुमान लगाएं

अगर आप अपने एमबीए प्रोग्राम के लिए एजुकेशन लोन लेना चाहते हैं तो सबसे पहले आप अपनी वित्तीय जरूरतों के बारे में सटीक अनुमान लगाएं। एमबीए एजुकेशन लोन के मामले में हर स्टूडेंट की वित्तीय जरूरतें अलग होती हैं। कुछ छात्र को परिवार का काफी मिलता है जिस कारण वे कम अमाउंट का एजुकेशन लोन लेते हैं। जबकि आर्थिक रूप से कमजोर छात्र को अधिकतम लोन अमाउंट लेना पड़ सकता है। भारत के टॉप एमबीए इंस्टीट्यूट्स में एमबीए के 2 साल के फुल टाइम कोर्स की फीस निम्नांकित है-

एक्सपेंस	फीस अमाउंट (रुपए में)
कॉलेज फीस	8-21 लाख
बोर्डिंग और लॉजिंग	2-4 लाख
स्टडी मटीरियल, लैपटॉप, बुक्स और स्टेशनरी	1.5-2 लाख
स्टडी टूर, फॉरेन एक्सचेंज प्रोग्राम्स	2-3 लाख
अन्य एक्स्पेंसेस (कपड़े, ट्रैवेल, एंटरटेनमेंट)	2-3 लाख

एमबीए एजुकेशन लोन के लिए एलिजिबिलिटी क्राइटेरिया (पात्रता मापदंड)

हमारे देश में एमबीए एजुकेशन लोन लेते समय छात्र को कई अन्य बातों पर गौर करना होगा जिसमें एमबीए एजुकेशन लोन लेने के लिए एलिजिबिलिटी क्राइटेरिया के बारे में जानकारी हासिल करना बहुत जरूरी है। वैसे तो टॉप बिजनेस स्कूल्स के किसी एमबीए प्रोग्राम के लिए अधिकतर बैंक लोन देने के लिए तैयार रहते हैं लेकिन इसके लिए छात्र एलिजिबिलिटी क्राइटेरिया जरूर पूरे करते हों जैसे कि:

नागरिकता: एमबीए एजुकेशन लोन लेने वाला एप्लिकेंट भारत का नागरिक हो।

एकेडमिक: एमबीए एजुकेशन लोन लेने वाले एप्लिकेंट के पास एमबीए प्रोग्राम में एडमिशन लेने से सम्बन्धित सभी जरूरी और प्रमाणित डॉक्यूमेंट्स होने चाहिए।

आयु: एमबीए एजुकेशन लोन लेने वाले एप्लिकेंट की आयु 16-35 वर्ष के बीच होनी चाहिए। (अनिवार्य नहीं)

IIM अहमदाबाद, एक्सएलआरआई या जेबीआईएमएस आदि जैसे भारत के टॉप एमबीए कॉलेज और एजुकेशनल इंस्टीट्यूट्स बैंकों और लोन देने वाली एजेंसीज के साथ एजुकेशन लोन के जरिये पढ़ाई करने वाले छात्र की जानकारी शेयर करते हैं। ऐसे में ये बैंक और लोन देने वाली एजेंसीज जरूरतमंद छात्र से सीधा संपर्क करके भी उन्हें एजुकेशनल लोन ऑफर करते हैं।

अपने एमबीए प्रोग्राम के लिए आपको कितना लोन मिल सकता है इस बारे में पता करें

छात्र के लिए एक और महत्त्वपूर्ण बात जिस पर एमबीए प्रोग्राम चुनते समय जरूर विचार करना चाहिए, वह है एमबीए प्रोग्राम्स (जिसमें आप एडमिशन लेना चाहते हैं) के लिए मिलने वाली अधिकतम लोन राशि के बारे में पता करना।

हमारे देश में विभिन्न बी-स्कूलों में एमबीए एजुकेशन के आधार पर विभिन्न एमबीए प्रोग्राम्स के लिए लोन की अलग-अलग सीमाएं हैं तथा भिन्न-भिन्न कैंडिडेट्स के लिए अलग अलग लोन की राशि स्वीकृत की जाती है। जैसे प्रीमियम एमबीए कॉलेजों के लिए लिए गए एजुकेशन लोन पर इंटरेस्ट रेट 2 या 3 टियर लेवल के बी-स्कूलों की तुलना में कम होता है।

भारत के टॉप एमबीए प्रोग्राम्स तथा टॉप एमबीए कॉलेजों की रैंकिंग लिस्ट विभिन्न बैंकों द्वारा उनकी वेबसाइट्स पर अपलोड की जाती है, जहां से कैंडिडेट्स को एजुकेशन

लोन की अधिकतम राशि पता चल सकती है। इस जानकारी के आधार पर वे लोन राशि सेक्शन होने की उम्मीद कर सकते हैं तथा बची हुई राशि की व्यवस्था कर सकते हैं।

एमबीए एजुकेशन लोन में कवर किए जाने वाले खर्चों के बारे में सही जानकारी लें

एजुकेशन लोन अमाउंट का मूल्यांकन करने के बाद आप अपने एमबीए स्टडी प्रोग्राम की शुरुआत कर सकते हैं। इस मामले में दूसरा महत्त्वपूर्ण बिंदु है लोन के तहत कवर किया गया खर्च। आमतौर पर एमबीए प्रोग्राम रेजीडेंशियल प्रोग्राम होते हैं और इसलिए छात्र के कुछ अन्य खर्चे भी होते हैं जिन्हें ट्यूशन फीस के अलावा भी कवर करने की जरूरत होती है। इसलिए बैंक या लोन देने वाली एजेंसियों ने बुनियादी कोर्स फीस के अलावा भी नॉन एकेडमिक कॉस्ट को कवर करने के लिए एक्स्ट्रा लोन अमाउंट देना भी शुरू कर दिया है। एमबीए एजुकेशन लोन के तहत शामिल विभिन्न प्रकार के खर्चों में शामिल हैं:

- ट्युशन फी
- हॉस्टल/एकोमोडेशन
- लाइब्रेरी और लेबोरेट्रीज फीस
- एग्जाम फीस
- स्टडी मटीरियल कॉस्ट (बुक्स, इक्विपमेंट्स, इंस्ट्रूमेंट्स)
- इंस्टीट्यूशंस बिल/सेक्योरिटी डिपोजिट की रिसिप्ट्स
- ट्रेवेल एक्सपेंसेज
- स्टडी टूर एक्सपेंसेज
- प्रोजेक्ट वर्क/थीसिस एक्सपेंज

अब अगर कोई भी छात्र जो एमबीए जैसी उच्च शिक्षा के क्षेत्र में अपना करियर बनाना चाहते हैं और आर्थिक परेशानियों की वजह से अपनी पढ़ाई पूरी नहीं कर पा रहे हों, तो उन्हें चिंता करने की कोई जरूरत नहीं है। वे इसके लिए वे बैंक या अन्य वित्तीय एजेंसियों से लोन ले सकते हैं। लेकिन लोन लेते समय आपको कुछ विशेष बातों पर गौर करते हुए विभिन्न संस्थाओं द्वारा दिए गए लोन की तुलना भी अवश्य करें और आपके लिए जो सबसे सही तथा कम से कम ब्याज पर अधिकतम समय तक के लिए लोन दें उन्ही संस्थाओं से लोन लेने की यथा संभव प्रयत्न करें। हाँ, लोन की तुलना करते समय कुछ महत्त्वपूर्ण बिन्दुओं पर ध्यान जरूर दें।

आजकल सरकारी तथा प्राइवेट बैंक्स के अतिरिक्त नॉन बैंकिंग फाइनेंशियल इंस्टीट्यूट्स-स्कूलों में विभिन्न एमबीए कोर्सेज के लिए एजुकेशन लोन ऑफर करते हैं। वैसे एमबीए एजुकेशन लोन लेना भी कोई समान खरीदने के समान ही है। इसलिए जब एमबीए एजुकेशन लोन की बात हो तो छात्र को अवश्य ही अपनी इच्छाओं और जरूरतों का भी पूरा ध्यान रखना चाहिए और लोन के लिए उपलब्ध सभी विकल्पों पर विचार करना चाहिए।

मार्केट में उपलब्ध सभी लोन ऑफर्स की तुलना करनी चाहिए। इससे लोन से सम्बन्धित विभिन्न पहलुओं का मूल्यांकन करने में मदद मिलेगी और भविष्य में उसके अन्य प्रभावों को भी समझने में मदद मिलेगी। इसलिए छात्र को अवश्य ही उनके लिए उपलब्ध विभिन्न एमबीए एजुकेशन लोन्स की तुलना करनी चाहिए और उनकी अधिकतम राशि, ब्याज की रियायती दर, मार्जिन और सुरक्षा की आवश्यकता जैसे तथ्यों का अच्छी तरह मूल्यांकन करना चाहिए।

एमबीए एजुकेशन लोन के लिए जरूरी कागजात

किसी भी अन्य लोन की पेशकश की तरह एजुकेशन लोन के प्रोसेसिंग में एक विस्तृत डॉक्यूमेंटेशन प्रक्रिया भी शामिल है, जो कभी-कभी काफी बोझिल हो जाती है। एमबीए एजुकेशन लोन डॉक्यूमेंटेशन प्रक्रिया की उचित समझ के अभाव में अक्सर छात्र को बहुत भाग दौड़ करनी पड़ती है। इस भाग दौड़ से बचने के लिए छात्र को नीचे दिए गए डॉक्यूमेंट को अपने पास रखना चाहिए ताकि उनके एजुकेशन लोन के प्रोसेसिंग में कोई समस्या नहीं आये।

- लोन अप्लिकेशन फॉर्म फॉर्मेट
- एडमिशन लेटर/एमबीए प्रोग्राम में एडमिशन का सबूत (प्रूफ)
- पासपोर्ट साइज्ड फोटोग्राफ
- एड्रेस प्रूफ (वर्तमान और स्थायी दोनों)
- एज प्रूफ (जन्म प्रमाण पत्र/एलसी)
- एकेडमिक डाक्यूमेंट्स (कक्षा 10, कक्षा 12, ग्रेजुएशन और पोस्ट ग्रेजुएशन मार्कशीट)
- पिछले 6 महीनों की बैंक स्टेटमेंट

इनके अलावा, बैंक कैंडिडेट्स से डॉक्यूमेंट प्रोसेस के हिस्से के रूप में पिछले दो वर्षों के इनकम टैक्स असेसमेंट ऑर्डर या किसी संपत्ति और देनदारियों का संक्षिप्त विवरण देने के लिए कह सकता है।

एमबीए एजुकेशन लोन हेतु अप्लाई करने के महत्त्वपूर्ण कदम

एमबीए एजुकेशन लोन के लिए सफलतापूर्वक अप्लाई करने के लिए कैंडिडेट्स को अपने संबंधित बैंक की वेबसाइट पर जाकर ऑनलाइन अप्लाई करना होगा। विस्तृत जानकारी के लिए नीचे प्रस्तुत विवरण पढ़ें:

स्टेप 1: अपने बैंक की आधिकारिक वेबसाइट पर जाएं।

स्टेप 2: वेबसाइट पर एजुकेशन लोन सेक्शन खोजें।

स्टेप 3: एमबीए छात्र के लिए एजुकेशन लोन से संबंधित विवरण प्राप्त करें।

स्टेप 4: आवश्यक जानकारी प्राप्त करके ऑनलाइन एप्लीकेशन फॉर्म भरें।

स्टेप 5: सभी विवरणों को पूरा करने के बाद फॉर्म जमा करें।

फॉर्म जमा करने के बाद के लिए छात्र या उसके माता पिता से आवश्यक जानकारी हासिल करते हैं। सभी आवश्यक डाक्यूमेंट्स इकठ्ठा करने के लिए बैंक स्टूडेंट के घर अपना प्रतिनिधि भेजता है। इसके बाद बैंक लोन को प्रोसेस करता है और बैंक लोन से जुड़े सभी डिटेल छात्र के घर पोस्ट द्वारा भेजता है। उस डॉक्यूमेंट पर साइन कर उसे पुनः बैंक को वापस भेजना होता है। इसलिए उस पूरे डिटेल को सावधानी पूर्वक पढ़ने के बाद ही उस पर साइन करें। इसके बाद बैंक लोन देने की सारी औपचारिकताएं पूरी करता है।

समझौता के लिए सूचना

वैसे तो एजुकेशन लोन से संबंधित अधिकांश नियम और शर्तें एजुकेशन लोन समझौते के हिस्से के रूप में पहले ही तय की गई होती हैं लेकिन इस विषय में संस्थाओं से बात भी अवश्य करना चाहिए।

एमबीए एजुकेशन लोन के लिए आपको अपने बैंक के साथ बातचीत या चर्चा करने के कुछ महत्त्वपूर्ण कारकों को नीचे सूचीबद्ध किया गया है जिस पर आप चर्चा कर सकते हैं:

- एमबीए कोर्स अवधि के दौरान लोन की कोई चुकौती है या नहीं।
- अगर पाठ्यक्रम पूरा होने से पहले पुनर्भुगतान किया जाए तो लोन इंटरेस्ट में राहत।
- अगर माता-पिता सह-उधारकर्ता बन जाते हैं, तो लोन इंटरेस्ट रेट में कमी।
- किसी भी तरह का लोन प्रोसेसिंग फी नहीं।

- रेट ऑफ इंटरेस्ट।
- अगर मार्जिन राशि लागू हो तो उसपर बातचीत करें।

एमबीए एजुकेशन लोन-कोलेट्रल

सामान्यत: भारत के टियर 1 तथा टॉप 50 बी-स्कूलों में एमबीए कोर्सेज की फीस लगभग 12 से 25 लाख के बीच है। लेकिन हर कोर्स के लिए 100 प्रतिशत लोन नहीं मिलता है। 10 लाख तक का लोन लगभग हर बैंक एमबीए एजुकेशन के लिए प्रोसेस कर सकते हैं।

लोन राशि और जिस इंस्टीट्यूट से एमबीए करना है, उसके आधार पर बैंक 100 प्रतिशत भी फंड कर सकते हैं। अधिकांश बैंक एजुकेशन लोन के लिए 4 लाख रुपये तक किसी मार्जिन राशि की मांग नहीं करते हैं। 4 लाख से 8 लाख रुपये तक के लोन के लिए एजुकेशन लोन की प्रोसेसिंग के लिए तीसरे पक्ष की गारंटी की जरूरत पड़ती है। 8 लाख रुपये से अधिक के लोन के लिए बैंक आम तौर पर कोलेट्रल के बारे में पूछते हैं।

छात्र को यह हमेशा ध्यान में रखना चाहिए कि मार्जिन मनी, गारंटी और कोलेट्रल एक विकल्प है और केवल तभी प्रदान किया जाना चाहिए जब विशेष रूप से एजुकेशन लोन में इसका वर्णन किया गया हो। ऐसे कई बैंक हैं जो एमबीए एजुकेशन लोन प्रदान करते हैं और उन्हें इन तीनों में से किसी भी घटक की आवश्यकता नहीं होती है।

भारत में एमबीए की पढ़ाई पूरा करने में मदद करने हेतु एमबीए एजुकेशन लोन एक महत्त्वपूर्ण सुविधा है। इसलिए एजुकेशन लोन, प्रोसेसिंग डिटेल, डॉक्यूमेंट प्रोसेस आदि सभी पहलुओं के बारे में व्यापक और सही जानकारी से छात्र को व्यवस्थित तरीके से लोन के लिए बैंकों से संपर्क करने में बहुत मदद मिलती है। इतना ही नहीं इससे छात्र के समय और मेहनत की भी बचत होती है।

एमबीए एजुकेशन लोन लेते समय किस जगह गलती हो सकती है ?

एमबीए एजुकेशन लोन ऐसा लोन है जिसे छात्र आईआईएम या भारत के विभिन्न प्राइवेट एमबीए कॉलेजों और प्रमुख बी-स्कूलों में अपनी मैनेजमेंट स्टडीज के लिए बैंको से इन्ट्रेस्ट पर ले सकते हैं। जब आप किसी ऑर्गनाइजेशन या बैंक से लोन लेते हैं तो आपको अवश्य ही उस लोन के लिए कुछ इन्ट्रेस्ट देना होगा। इसलिए लोन लेने से पहले इन्ट्रेस्ट रेट से जुड़ी सभी बातें छात्रों को अच्छी तरह पता होनी चाहिए ताकि उन्हें पढाई करते समय या पढ़ाई करने के बाद मुश्किलों का सामना न करना पड़े।

एमबीए एजुकेशन लोन से सम्बन्धित मुख्य बातें जैसे की उनके स्थगन की अवधि (मोर्टेरियम पीरियड), इन्ट्रेस्ट रेट, पुनर्भुगतान की शर्तें (रीपेमेंट रेट) आदि कई ऐसे पहलू हैं जिनके बारे में सही जानकारी नहीं होने से छात्र अपनी पढ़ाई पूरी कर लेने के बाद परेशानी में पड़ सकते हैं। यदि छात्र समय पर अपना एजुकेशन लोन नहीं चुका पाते या फिर ईएमआई का पेमेंट नहीं कर पाते हैं तो उन्हें लोन अमाउंट पर अधिक इन्ट्रेस्ट या जुर्माना राशि का भुगतान करना पड़ता है। इससे लोन का पेमेंट और अधिक मुश्किल होता चला जाता है और छात्र इसमें उलझते चले जाते हैं।

इसलिए, यदि आप एमबीए करना चाहते हैं और आप एमबीए एजुकेशन लोन लेने के बारे में सोच रहे हैं तो किसी भी तरह की परेशानी से बचने के लिए नीचे दी जा रही इन 10 बातों पर जरूर गौर करें-

1. बाजार में उपलब्ध सभी एजुकेशन लोन्स की तुलना करके उनके फायदे और नुकसान समझें

आज, कई सरकारी और प्राइवेट बैंकों के साथ नॉन बैंकिंग फायनेंशियल इंस्टीट्यूट्स अपनी शर्तों पर एमबीए के लिए एजुकेशन लोन देते हैं। जिन नियमों और शर्तों पर एमबीए एजुकेशन लोन की पेशकश की जाती है। हरेक इंस्टीट्यूट के मुताबिक एजुकेशन लोन के वे नियम और शर्तें आपस में एक-दूसरे से बिलकुल अलग होते हैं। इसलिए मार्केट में उपलब्ध सभी एजुकेशन लोन्स की जानकारी लेकर आपस में उन लोन्स की तुलना करें और जिस इंस्टीट्यूट की एजुकेशन लोन पॉलिसी आपको सर्वश्रेष्ठ लगती हो, आप उस इंस्टीट्यूट में अपने एजुकेशन लोन के लिए अप्लाई कर दें।

वास्वत में, जब आप एक बार विभिन्न एजुकेशन लोन की जानकारी इकट्ठा कर लेते हैं तो आप आसानी से उनकी तुलना कर सकते हैं और यह पता लगा सकते हैं कि आपकी आवश्यकता के अनुसार एजुकेशन लोन कौन सा उपयुक्त है?

2. किसी तरह की मार्जिन मनी है या नहीं

अधिक एजुकेशन लोन देने वाले इंस्टीट्यूट्स ने भारत के शीर्ष एमबीए कॉलेजों और उनके एमबीए कोर्सेज के मुताबिक से अपने एजुकेशन लोन मैट्रिक्स तैयार किए हैं। इन लोन मैट्रिक्स के आधार पर, बैंक/एनबीएफसी यह तय करते हैं कि क्या वे पूरी एमबीए एजुकेशन के लिए फाइनेंस कर सकते हैं? इसमें ट्यूशन फीस के साथ-साथ अन्य शैक्षणिक खर्चे को भी शामिल किया जा सकता है।

अगर नहीं, तो ये बैंक आंशिक रूप से छात्र की एमबीए एजुकेशन के लिए फाइनेंस करते हैं और बाकी राशि के लिए मार्जिन मनी की व्यवस्था करने के लिए उधारकर्ता से पूछते हालांकि, यह स्थिति उचित नहीं है लेकिन इस पर बातचीत की जा सकती है। पब्लिक सेक्टर के कई बैंक और कुछ प्राइवेट बैंक ऐसे भी हैं जो एमबीए एजुकेशन लोन पर मार्जिन राशि की मांग नहीं करते हैं। एजुकेशन लोन लेने के लिए छात्रों को हमेशा उस लोन के प्रस्ताव को स्वीकार करना चाहिए जिसमें मार्जिन मनी के भुगतान की आवश्यकता न पड़े।

एजुकेशन लोन देने वाले अधिकांश बैंको या उधारदाताओं की पहले से ही मार्जिन मनी के बारे में निर्धारित शर्ते होती हैं और वे इसका विवरण अपनी वेबसाइट पर ऑनलाइन उपलब्ध कराते हैं जिन्हें छात्रों को अपना एजुकेशन लोन अप्लाई करने से पहले जरूर पढ़ना चाहिए।

3. प्रोसेसिंग फी भी लेते हैं या नहीं

यह बात तो सबको पता है कि अधिकांश बैंक और एनबीएफसी लोन सेक्शन करने के लिए प्रोसेसिंग फी लेते हैं। एमबीए एजुकेशन लोन भी इसका अपवाद नहीं है। एमबीए एजुकेशन लोन की प्रोसेसिंग फी विभिन्न बैंको या ऑर्गनाइजेशन्स में अलग अलग होती है। कुछ बैंक कुल राशि का 5 फीसदी से लेकर 2 फीसदी तक चार्ज करते हैं जबकि कई अन्य इंस्टीट्यूट्स 5000 रुपये या उससे अधिक का फ्लैट चार्ज लेते हैं। लेकिन, इस फीस को लेकर बैंक से बातचीत के माध्यम से इसे बैंक द्वारा माफ कराया जा सकता है। पब्लिक सेक्टर के कई ऐसे बैंक हैं जो योग्य उम्मीदवारों से प्रोसेसिंग फी नहीं लेते हैं। इसी तरह, कुछ प्राइवेट बैंक तथा एनबीएफसी भी एमबीए एजुकेशन लोन के लिए प्रोसेसिंग फी चार्ज नहीं करते हैं। इसलिए प्रोसेसिंग फीस के मामले में हमेशा बातचीत कर इसका समाधान तलाशें और कोशिश करें कि यह फीस आपको नहीं देनी पड़े।

4. इन्ट्रेस्ट रेट स्ट्रक्चर को भलीभांति समझें

एमबीए एजुकेशन लोन एक ऐसा लोन है जिस पर लोन इन्ट्रेस्ट देना पड़ता है। सभी बैंक अपना बेस रेट निर्धारित करते हैं और उसी रेट पर किसी को लोन देते हैं। एमबीए एजुकेशन लोन बैंको द्वारा निश्चित बेस रेट पर ही दिया जाता है। इसके इन्ट्रेस्ट की अंतिम दर बैंक या फाइनेंस करने वाली कंपनी की नीति के आधार पर बेस रेट से अधिक या कम हो सकती है।

आमतौर पर बैंक एजुकेशन लोन पर इन्ट्रेस्ट रेट अपने बैंक के बेस रेट+इन्ट्रेस्ट के एक्स्ट्रा रेट को मिलाकर लेते हैं। छात्र को अपने एमबीए एजुकेशन लोन के

लिए अप्लाई करने से पहले बैंको के बेस रेट तथा उनके द्वारा निर्धारित रेट, इन दोनों की अच्छी तरह से छानबीन कर लेनी चाहिए।

5. **मोरेटोरियम पीरियड में लिया जाने वाला इन्ट्रेस्ट रेट**

एमबीए के लिए एजुकेशन लोन एक ग्रांट के साथ प्रदान किया जाता है और मोरेटोरियम पीरियड में इन्ट्रेस्ट रेट नहीं लिया जाता है। अगर स्पष्ट शब्दों में कहें तो लोन लेने वाले उम्मीदवार को मोरेटोरियम पीरियड में किसी तरह का इन्ट्रेस्ट नहीं देना पड़ता है। लेकिन सिर्फ इसलिए कि आपको इस पीरियड के दौरान ऋण चुकाने की जरूरत नहीं पड़ती, इसका यह मतलब बिलकुल नहीं होता है कि बैंक इसके लिए आपसे ब्याज नहीं लेगा।

मोरेटोरियम पीरियड में एमबीए स्टडी की पीरियड और ग्रेस पीरियड को शामिल किया जाता है। कभी-कभी गलती से या फिर जान-बूझकर बैंक कर्मचारी इस अवधि के लिए भी इन्ट्रेस्ट रेट लगा देते हैं। इसलिए छात्रों को हमेशा इस बात को लेकर सचेत रहना चाहिए तथा अपने सिस्टम तथा पूरे लोन प्रोसेस में मोरेटोरियम पीरियड का विशेष रखना चाहिए तथा यह चेक करना चाहिए कि उनका बैंक इस दौरान किसी तरह का इन्ट्रेस्ट तो नहीं ले रहा है।

6. **फ्लोटिंग इन्ट्रेस्ट रेट चुनना अधिकांश मामलों में एक सही विकल्प**

बैंक निश्चित इन्ट्रेस्ट रेट या फ्लोटिंग इन्ट्रेस्ट रेट पर लोन की अवधि बढ़ाते रहते हैं। छात्रों को हमेशा फ्लोटिंग इन्ट्रेस्ट रेट को ही वरीयता देनी चाहिए और उसी का चयन करना चाहिए क्योंकि यह लम्बी अवधि में फायदेमंद साबित हो सकता है। एमबीए एजुकेशन लोन पर फ्लोटिंग इन्ट्रेस्ट रेट का मतलब है कि बेस रेट में परिवर्तन के आधार पर इन्ट्रेस्ट रेट की दर संशोधित की जाएगी, अर्थात यदि बेस रेट कम हो गई है, तो एजुकेशन लोन पर इन्ट्रेस्ट की प्रभावी रेट भी नीचे आ जायेगी। इसलिए, छात्रों को हमेशा एक ऐसे एजुकेशन लोन को पसंद करना चाहिए जो फ्लोटिंग इन्ट्रेस्ट रेट पर दिया जाता हो।

7. **मोरेटोरियम अवधि में पुनर्भुगतान की सुविधा**

यदि एमबीए स्टूडेंट अपने मोरेटोरियम पीरियड के दौरान ही अपने एमबीए एजुकेशन लोन का पेमेंट करने में सक्षम हों तो वे इन्ट्रेस्ट रेट को कम करने के लिए संबंधित बैंक के साथ बातचीत कर सकते हैं क्योंकि कुछ बैंक एमबीए छात्रों के लिए इस इन्ट्रेस्ट रेट को 0.25% से 1% तक कम करने के लिए तैयार हो जाते हैं। इन्ट्रेस्ट रेट में कमी छात्रों के वित्तीय बोझ को काफी कम

कर सकती है। इसलिए छात्रों को हमेशा मोरेटोरियम पीरियड के दौरान लोन का भुगतान करने की कोशिश करनी चाहिए।

8. अपने कार्य अनुभव का सही फायदा उठायें

अगर भारत के किसी शीर्ष एमबीए कॉलेज में एडमिशन लेने की बात हो तो वहां आपका कार्य अनुभव बहुत काम आ सकता है। यह आपके लिए बहुत कारगर तथा आपकी पूंजी सिद्ध हो सकता है। यदि आपके पास कार्य करने का अनुभव हो तो बैंक आपको एजुकेशन लोन के इन्ट्रेस्ट रेट पर कुछ रियायत भी देते हैं? अतः ऐसे अभ्यर्थी जिनके पास कार्य करने का अनुभव हो, वे बैंक से बातचीत करके अपना इन्ट्रेस्ट रेट कुछ कम (0.25% से 0.50% के बीच) करा सकते हैं। इसलिए एमबीए एजुकेशन लोन लेते समय अपने कार्य अनुभव का भरपूर लाभ उठायें।

9. महिला अभ्यर्थियों को बैंक इंटरेस्ट रेट में कुछ छूट देते हैं

भारत के शीर्ष एमबीए कॉलेजों, विशेष रूप से आईआईएम में जेंडर डायवर्सिटी को ध्यान में रखते हुए महिला अभ्यर्थियों को एडमिशन के दौरान बहुत सारे मामलों में छूट प्रदान की जाती है। जिन महिला छात्रों ने शीर्ष एमबीए कॉलेजों में अपनी सीट सुरक्षित कर ली हो, उन्हें एमबीए एजुकेशन लोन के इन्ट्रेस्ट, मोरेटोरियम पीरियड तथा अन्य टर्म के मामलों में रियायत प्रदान की जाती है।

10. पुनर्भुगतान की अवधि

एजुकेशन लोन के लिए पुनर्भुगतान की अवधि छात्र के एजुकेशन लोन के मोरेटोरियम पीरियड के अंत में शुरू होती है। सामान्यतः लोन की राशि और लोन प्रोडक्ट के अन्य नियमों और शर्तों के आधार पर पुनर्भुगतान अवधि 1 वर्ष से 9 वर्ष तक हो सकती है। एमबीए के छात्र भी जल्द ही लोन के चक्र को समाप्त करने के लिए कम समय की पुनर्भुगतान की अवधि को पसंद करते हैं। लेकिन साथ ही छात्रों को यह भी समझना चाहिए कि एजुकेशन लोन के लिए भुगतान किया जाने वाले इन्ट्रेस्ट रेट पर इनकम टैक्स नहीं देना पड़ता है और इसलिए लम्बे समय तक इसका भुगतान फायदेमंद साबित हो सकता है।

इसी तरह, कई बैंक भी कम इन्ट्रेस्ट रेट के साथ कम पुनर्भुगतान की अवधि को ज्यादा बढ़ावा देते हैं। इसलिए यह निर्धारित करने के बाद कि कौन सा विकल्प लंबे समय तक अधिक फायदेमंद होगा, पुनर्भुगतान अवधि पर छात्र को अपने हिसाब से सही निर्णय लेना चाहिए।

आजकल एमबीए एजुकेशन के लिए एजुकेशन लोन, छात्रों की विशेष जरूरत बन गया है। इसलिए एजुकेशन लोन से संबंधित सभी पहलुओं को समझना आज के समय की मांग है।

उच्च शिक्षा में सहयोगी सरकार की विद्या लक्ष्मी पोर्टल

यह तो सर्वविदित तथ्य है कि अधिकांश विद्यार्थियों का सपना इंजीनियरिंग, मेडिकल या एमबीए की पढ़ाई करने का होता है, लेकिन पैसों के अभाव के कारण वो अपने सपने को पूरा करने में सक्षम नहीं हो पाते। अब उनके सपने में पैसे की कमी बाधा नहीं बनेगी। सरकार की विद्या लक्ष्मी पोर्टल उनके उच्च शिक्षा के सपने को पूरा करने में उनकी मदद करेगा। इस पोर्टल के जरिए वे एजुकेशनल लोन लेकर वे अपनी पढ़ाई पूरी कर सकते हैं। इसके माध्यम से एजुकेशन लोन के अलावा स्कॉलरशिप भी प्राप्त की जा सकती है। विद्या लक्ष्मी पोर्टल के माध्यम से विद्यार्थी सीधे 40 बैंकों में लोन के लिए आवेदन कर सकते हैं।

इस पोर्टल के माध्यम से सिर्फ तीन आसान स्टेप्स से एजुकेशन लोन प्राप्त किया जा सकता है। सबसे पहले आपको www.vidyalakshmi.co.in पोर्टल पर रजिस्ट्रेशन कराना होगा। उसके बाद एक फॉर्म भरना पड़ेगा। इसके बाद छात्र अपनी जरूरत के हिसाब से पोर्टल पर एजुकेशन लोन सर्च कर सकते हैं। इस फॉर्म की विशेषता यह है कि इसके माध्यम से आप 40 बैंकों में एजुकेशन लोन के लिए अप्लाई कर सकते हैं। इनमें आंध्रा बैंक, देना बैंक, बैंक ऑफ इंडिया, फेडरल बैंक, आईडीबीआई बैंक, आईसीआईसीआई बैंक, इंडियन बैंक, कोटक महिंद्रा बैंक, करुर वैश्य बैंक, जीपी पारसिक बैंक, पीएनबी, आरबीएल, एसबीआई, अभ्युदय बैंक, सारस्वत को-ऑपरेटिव बैंक, यूको बैंक, यूनियन बैंक, एक्सिस बैंक, विजया बैंक, यूनाइटेड बैंक ऑफ इंडिया, इलाहाबाद, बैंक ऑफ बड़ौदा, सेंट्रल बैंक ऑफ इंडिया, कैनरा बैंक, कॉर्पोरेशन बैंक, कॉसमोस बैंक, इंडियन ओवरसीज बैंक, बैंक ऑफ महाराष्ट्र, ओबीसी शामिल हैं।

कुछ प्रमुख बैंकों द्वारा दिए जाने वाले एजुकेशन लोन की पॉलिसी

स्टेट बैंक ऑफ इंडिया

उच्च शिक्षा के लिए स्टेट बैंक द्वारा कई तरह के ऑफर या लोन दिए जाते हैं उनमें से कुछ का वर्णन नीचे किया जा रहा है।

छात्रों को दिया जाने वाल लोन स्टेट बैंक द्वारा इसे स्टूडेंट लोन के नाम से अभिहित किया गया यह एक निश्चित अवधि के लिए दिया जाने वाला लोन है। इसे भारतीय छात्रों को भारत और विदेश में उच्च शिक्षा के लिए दिया जाता है। एसबीआई की आधिकारिक वेबसाइट पर वर्णित तथ्यों के अनुसार इसमें भारत में पढ़ाई के लिए 10 लाख और विदेश में पढ़ाई के लिए 20 लाख रुपये का लोन दिया जाता है। लेकिन कोर्स खत्म होने के एक साल बाद छात्र को इसका भुगतान शुरू करना होता है। तब तक छात्र को कोई भी ब्याज नहीं देना होता है। जितना भी लोन छात्र ने लिया होता है, उसे 15 साल की अवधि में खत्म करना होता है।

स्कॉलर लोन- यह लोन स्कॉलर्स यानी मेधावी छात्रों को भारत में पढ़ाई के लिए मिलता है। इसमें 30 लाख रुपये तक की राशि मिलती है। इसमें वे छात्र लाभान्वित होते हैं, जिनका एडमिशन आइआइटी, आइआइएम, एनआइटी, एम्स जैसे संस्थानों में हुआ होता है। इस लोन में भी कोर्स चलने तक कोई ब्याज नहीं लिया जाता है, कोर्स खत्म हो जाने के बाद छात्रों को 15 साल के अंदर लोन का भुगतान करना होता है।

ग्लोबल एडवेंटेज लोन- यह लोन उन छात्रों के लिए है जो विदेश में जाकर पढ़ाई करना चाहते हैं। इसमें 20 लाख से डेढ़ करोड़ तक का लोन मिल सकता है। लेकिन ध्यान देने योग्य बात यह है कि इस कोर्स के खत्म होने के 6 माह बाद ही इसमें छात्रों को ब्याज देना पड़ता है।

स्किल लोन- स्किल लोन उन लोगों को दिया जाता है, जिनकी शिक्षा जारी रहती है अर्थात् जो शिक्षा ले रहे होते हैं। इसमें 5 हजार से लेकर डेढ़ लाख तक का लोन दिया जाता है।

एचडीएफसी बैंक की एजुकेशन लोन पॉलिसी

एचडीएफसी बैंक द्वारा भारत में एजुकेशन लोन के तहत 10 लाख रुपये तक का लोन दिया जाता है। एचडीएफसी की शर्तों के अनुसार लोन लेने वाला व्यक्ति भारत का नागरिक होना चाहिए। उसकी उम्र 16 से 35 साल के बीच होनी चाहिए। यदि लोन 4 लाख से साढ़े सात लाख के बीच का है तो तीसरे व्यक्ति की गारंटी तथा अभिभावक का भी संयुक्त ऋणकर्ता के रूप में होना जरूरी है और यदि लोन साढ़े सात लाख से अधिक है तो सिक्योरिटी के रूप में कुछ जमा करना होता है। लेकिन 7.50 लाख का लोन चुकता करने का वक्त महज दस साल ही है। इससे ज्यादा के लोन के लिए समयावधि 15 साल रखी गयी है।

पंजाब नेशनल बैंक द्वारा दिया जाने वाला एजुकेशन लोन

पंजाब नेशनल बैंक द्वारा छात्रों की उच्च शिक्षा में मदद के लिए निम्नांकित लोन दिए जाते हैं

पीएनबी सरस्वती: इस लोन को पीएनबी द्वारा भारत में अध्ययन करने के लिए दिया जाता है। यह सुविधा अंडरग्रेजुएट और पोस्ट ग्रेजुएट दोनों ही छात्रों को दिया जाता है। यूजीसी, एआइसीटीइ, एआइबीएमएस, आइसीएमआर से मान्यता प्राप्त कोर्सों के लिए आवेदन करने वाले छात्रों को यहां से लोन मिल सकता है। इनमें आइआइएम, आइआइटी, एनआईएफटी शामिल हैं। 4 लाख तक के लोन के लिए कोई ब्याज नहीं लिया है, लेकिन इससे ज्यादा का लोन लेने पर 5 फीसदी ब्याज देना पड़ता है।

पीएनबी प्रतिभा- यह लोन भी पीएनबी द्वारा भारत में पढ़ाई करने वाले उन छात्रों को दिया जाता है जो किसी उच्च डिग्री या डिप्लोमा कोर्स में आवेदन कर रहे हों।

पीएनबी उड़ान- यह लोन उन छात्रों के लिए है, जो विदेशों से पढ़ाई करना चाहते हैं और जिन्होंने देश से बाहर पढ़ने के लिए आवेदन किया हो। इसमें पीजी के एमसीए, एमबीए और एमएस कोर्स शामिल हैं। इसके अंतर्गत सीआइएमए का लंदन और सीपीए का अमेरिका स्थित कोर्स को भी शामिल किया गया है। इसमें चार लाख तक कोई ब्याज नहीं देना होता है और अगर 4 लाख से ज्यादा का लोन है तो 15 फीसदी की दर से ब्याज देना पड़ता है।

पीएनबी कौशल- पंजाब नेशनल बैंक द्वारा वोकेशनल एजुकेशन के लिए पीएनबी कौशल लोन 5 हजार से डेढ़ लाख तक दिया जाता है। इस लोन को देते समय सुरक्षा के लिए अभिभावक को गारंटर बनना होता है। लोन यदि 50 हजार रूपये तक का है तो उसे चुकता करने के लिए 3 साल का समय मिलता है। 1 लाख का लोन होने पर 7 साल तक का समय दिया जाता है।

अब जब लोन की व्यवस्था हो गई तो स्वाभाविक है कि अब छात्र कॉलेज की फी भरने में समर्थ हैं और कॉलेज की फी भरने के बाद अपनी पढ़ाई की अगली प्रक्रिया की ओर आगे बढ़ेंगे। अब पूरे एमबीए के दौरान बहुत खर्चे होंगे जिनमें से सभी किसी न किसी तरीके से आवश्यक ही प्रतीत होंगे। लेकिन अगर थोड़ी-सी सावधानी और आवश्यकताओं पर गौर करते हुए खर्च करने की आदत डाली जाए तो एमबीए की कुल लागत को कुछ हद तक कम किया जा सकता है, आइये जानते हैं।

एमबीए की लागत को कम करने के कुछ प्रभावी तरीके

1. आवेदन पत्र का मूल्य

किसी भी बिजनेस स्कूल में एडमिशन के लिए सबसे पहले कई स्कूल्स के फॉर्म भरने पड़ेंगे और इसके लिए अच्छी खासी रकम भी खर्च करनी पड़ेगी। कैट परीक्षा का फॉर्म भरने के आलावा (कैट फॉर्म की कॉस्ट लगभग 1700 रूपये है) आपको अन्य बिजनेस स्कूल्स के फॉर्म भी भरने होंगे। किसी भी बिजनेस स्कूल्स के फॉर्म की कॉस्ट लगभग 1500-2500 रूपये तक होती है। अब आप ही सोच लीजिये कि अगर आप कुल 10 बिजनेस स्कूल्स का फॉर्म भरते हैं तो आपको कुल कितने रूपये खर्च करने पड़ेंगे।

2. ट्यूशन फीस (रेसिडेंसियल प्रोग्राम्स के लिए)

एमबीए की डिग्री लेते समय मुख्य लागत उसके ट्यूशन फीस की होती है। यदि आप दो साल के रेसिडेंसियल प्रोग्राम के तहत अपना एमबीए कर रहे हैं तो इसमें लगभग 10-15 लाख रुपये तक खर्च हो सकता है जबकि जीमैट में भाग लेने वाले बी-स्कूलों की फीस थोड़ा और ज़्यादा होती है तथा ये अनुभवी उम्मीदवारों को वरीयता देते हैं। इसके लिए छात्र एमबीए एजुकेशन लोन वाले विकल्प पर विचार कर सकते हैं। कुछ बी-स्कूल प्रतिभाशाली छात्रों को स्कॉलरशिप भी प्रदान करते हैं तथा सभी भारतीय बैंक कम इटरेस्ट रेट पर एजुकेशन लोन मुहैया कराते हैं।

3. कोचिंग फी

जब से छात्रों और प्रोफेशनल्स के बीच एमबीए करने का जुनून सवार हुआ है तब से मेट्रो शहर, टियर 1 तथा टियर 2 के शहरों यहां तक की ग्रामीण इलाकों में भी हर जगह एमबीए इंस्टीट्यूट्स मशरूम की भांति फैलते जा रहे हैं, लेकिन आपका लक्ष्य व्यापक रूप से तैयारी करते हुए किसी प्रीमियम बी-स्कूल में एडमिशन लेना है तो आपको किसी अच्छे कोचिंग इंस्टीट्यूट में लगभग

35-40 हजार रुपये खर्च करने ही पड़ेंगे। इतना ही नहीं व्यक्तिगत साक्षात्कार तथा निबंध के पेपर में सफलता के लिए आपको और 20-25 हजार रूपये और खर्च करने पड़ सकते हैं।

4. अपॉरचुनिटी कॉस्ट

इससे पहले की यह लागत हमारे दिमाग से निकल जाए हमें इसे अपने एमबीए करने में लगने वाले बजट में जोड़ लेना चाहिए। अपॉरचुनिटी कॉस्ट के अंतर्गत प्रोफेशनल्स द्वारा कार्य करते समय प्राप्त की जाने वाली सैलरी की कॉस्ट को शामिल किया जाता है। क्योंकि अगर प्रोफेशनल्स इस दौरान जॉब करते तो उन्हें सैलरी मिलती लेकिन पढ़ाई के समय वे जॉब नहीं करते जिससे उनका वो पैसा अपॉरचुनिटी कॉस्ट के रूप में गिना जायेगा। वस्तुतः अपॉरचुनिटी कॉस्ट भविष्य में किये गए किसी इन्वेस्टमेंट जैसे प्रोपर्टी, म्यूचुअल फंड, शेयर, बॉन्ड और डिबेंचर इत्यादि की तरह अंतहीन है इसका सही सही अंदाजा लगाना बहुत आसान नहीं है।

वास्तव में ऊपर अच्छे इंस्टीट्यूट से एमबीए करने की कुल बजट की एक पिक्चर दिखाने की कोशिश की गयी है। अगर आप एमबीए करना चाहते हैं तो अवश्य ही अपने इस इच्छा तथा जरूरत को पूरा करने की कोशिश कीजिये। याद रखिये एमबीए करने में अगर इन्वेस्ट कुछ अधिक करना पड़ता है तो उसका रिटर्न भी बहुत अच्छा आता है। किसी प्रीमियम इंस्टीट्यूट से एमबीए करने की स्थिति में आपके परिवार की आर्थिक स्थिति का मजबूत होना भी एक मुख्य घटक होता है। लेकिन इन सबसे ऊपर अगर किसी प्रीमियम इंस्टीट्यूट से एमबीए करने की आपकी उत्कृष्ट इच्छा है तो आप एमबीए एजुकेशन लोन के जरिये अपनी पढ़ाई पूरी कर सकते हैं और भविष्य में आपको इसका बहुत अच्छा रिटर्न भी मिलने की संभावना रहती है।

आईआईएम बिलः एमबीए उम्मीदवारों के लिए महत्त्वपूर्ण सूचना

भारतीय प्रबंधन संस्थान (आईआईएम) को डिग्री व पीएचडी उपाधि प्रदान करने में सक्षम बनाने वाले आईआईएम विधेयक 2017 को लोकसभा द्वारा मंजूरी प्रदान की गयी है। इस विधेयक के पास हो जाने से अब सच्चे, ईमानदार और प्रतिभावान छात्र दाखिले से वंचित नहीं होंगे। साथ ही आईआईएम में अनुसूचित जाति, अनुसूचित जनजाति वर्ग के रिक्त पदों को भरने के लिए भी विशिष्ट निर्देश दिए गए हैं।

अब फीस को लेकर छात्रों को चिंता करने की जरूरत नहीं है। कर्मठ छात्र अब अपने सपने को पूरा कर पाएंगे। कोई भी छात्र जो गुणवत्ता के आधार पर दाखिला

लेना चाहता है, उसके लिए फीस कोई मुद्दा नहीं रहेगा। इस दिशा में मेधा आधारित छात्रवृत्ति, सीखो और कमाओ ऋण योजना को प्रोत्साहन दिया जा रहा है।

देश में कुल 20 प्रबंधन संस्थान हैं। लेकिन अभी तक ये किसी कानून के द्वारा संचालित नहीं हैं। इसलिए इन्हें डिग्री देने का अधिकार नहीं था। आईआईएम अभी डिप्लोमा एवं सर्टिफिकेट ही प्रदान कर सकता है। इतना ही नहीं इस बिल में तकनीकी शिक्षा गुणवत्ता बेहतरी कार्यक्रम के तहत वित्त पोषण का कार्यक्रम भी बनाया गया है। इस योजना में अभी जम्मू कश्मीर, उत्तराखंड, हिमाचल प्रदेश, ओडिशा, झारखंड, बिहार, राजस्थान, पूर्वोत्तर के राज्य, अंडमान निकोबार द्वीप समूह शामिल होंगे। इसके अलावा उच्च शिक्षा की गुणवत्ता को बेहतर बनाने के लिए दुनिया भर के जाने माने शिक्षकों व विद्वानों को भी जोड़ने की पहल की गई है।

भारत के प्रीमियम मैनेजमेंट इंस्टीट्यूट आईआईएम से सम्बन्धित आईआईएम बिल के विषय लगभग हर छात्र जानते होंगे अगर नहीं जानते हैं तो विशेष रूप से एमबीए उम्मीदवारों के लिए इस बिल के बारे में जानना बहुत महत्त्वपूर्ण है क्योकि इसमें कैट एग्जाम से जुड़ी महत्त्वपूर्ण जानकारी दी गयी है। चूँकि यह बिल एमबीए अभ्यर्थियों के लिए बहुत महत्त्वपूर्ण है इसलिए आइए इस बिल के विषय में विस्तृत रूप से जानने का प्रयास करते हैं।

आईआईएम बिल

आईआईएम बिल मैनेजमेंट इंस्टीट्यूट (मुख्य रूप से आईआईएम) के उम्मीदवारों को पोस्टग्रेजुएट डिप्लोमा के बजाय डिग्री देने, डायरेक्टर और फैकल्टी मेम्बर्स की नियुक्ति से संबधित सांविधिक शक्तियां (स्टेचुटरी पावर) प्रदान करता है।

इस बिल को पास करने में विवाद क्यों है?

इस बिल में पारदर्शी प्रक्रिया के माध्यम से 20 आईआईएम में से प्रत्येक में बोर्ड ऑफ गवर्नर्स (बीओजी) के सदस्यों की नियुक्ति का प्रावधान है और ऐसा होने पर एचआरडी मिनिस्टरी की भूमिका सीमित हो जायेगी।

इसके अलावा इस बिल में आईआईएम को राष्ट्रीय महत्त्व के इंस्टीट्यूट के रूप में घोषित करने और विजिटर्स के पोस्ट को समाप्त करने की मांग की गयी है। वर्तमान में राष्ट्रपति (राष्ट्र का पहला नागरिक) आईआईएम के 'विजिटर' हैं।

आईआईएम बिल में किस तरह के बदलाव की बात की गयी है ?

संसद में बिल पारित होने के बाद, बोर्ड प्रत्येक इंस्टीट्यूट का मुख्य कार्यकारी निकाय

(प्रिंसिपल एग्जीक्यूटिव बॉडी) होगा और इंस्टीट्यूट के मैनेजमेंट में भी इनकी मुख्य भूमिका होगी। बिल में अनुशंसित प्रमुख परिवर्तन हैं:

प्रत्येक आईआईएम के डायरेक्टर की नियुक्ति सर्च-कम-सेलेक्शन पैनल के जरिये होगा। एक बार जब बिल बन जायेगा तब फिर इसके लिए ह्यूमन रिसोर्स डेवेलपमेंट मिनिस्ट्री से अप्रूवल लेने की आवश्यकता नहीं पड़ेगी।

इसके अलावा, आईआईएम के एकाउंट्स का भारत के नियंत्रक और महालेखा परीक्षक द्वारा ऑडिट की जाएगी। केंद्र सरकार या आईआईएम बोर्डों द्वारा तैयार किए गए सभी नियमों और विनियमों को संसद में पेश करना होगा।

आईआईएम बिल छात्रों को कैसे प्रभावित कर सकता है?

यह बिल छात्रों को भी समान रूप से प्रभावित करेगा। वर्तमान में ये इंस्टीट्यूट्स छात्रों को पोस्ट ग्रेजुएट डिप्लोमा का सर्टिफिकेट प्रदान करते हैं लेकिन आईआईएम बिल में एक प्रावधान है जिसमें कहा गया है कि छात्रों को डिप्लोमा के बजाय पोस्ट ग्रेजुएट डिग्री से सम्मानित किया जाएगा। वर्तमान में मैनेजमेंट इंस्टीट्यूट्स द्वारा दिए गए पीजी डिप्लोमा को डिग्री के बराबर माना जाता है, लेकिन बिल पारित होने के बाद छात्रों को डिप्लोमा की तुलना में डिग्री का टैग लेना अनिवार्य होगा।

यह बिल आईआईएम के फैकल्टी मेम्बर्स को किस तरह प्रभावित कर सकता है?

इस बिल में फैकल्टी रिजर्वेशन को लेकर भी एक प्रावधान है। प्रस्तावित बिल में कहा गया है कि आईआईएम एससी/एसटी और ओबीसी छात्रों के लिए आरक्षण प्रदान करना होगा, इसमें एक खंड कहता है कि आईआईएम समाज के कमजोर वर्गों से शिक्षकों की भर्ती करने की कोशिश करेगा। वहीं दूसरी तरफ इंस्टीट्यूट्स या कॉलेज प्रशासन का कहना है कि जब सरकार एक बार लिखित में निर्देश जारी करेगी तो वे एससी/एसटी और ओबीसी उम्मीदवारों के लिए फैकल्टी पोजीशन का एक हिस्सा अलग कर देंगे।

आईआईएम बिल भारत के अन्य शीर्ष बी-स्कूलों को भी प्रभावित करेगा

आईआईएम छात्रों को पोस्ट ग्रेजुएट डिप्लोमा (पीजीडीएम) प्रदान कर रहा है, जबकि अन्य बड़े प्राइवेट इंस्टीट्यूट जैसे एक्सएलआरआई- जमशेदपुर, ग्रेटर नोएडा में बिम्सटेक और एसपी जैन इंस्टीट्यूट ऑफ मैनेजमेंट एंड रिसर्च, मुंबई को डर है कि आईआईएम द्वारा आईआईएम पीजीडीएम का सर्टिफिकेट नहीं देने से उनके पीजीडीएम की वैल्यू मार्केट में गिर जायेगी और इनसे उनको भारी नुकसान हो सकता है।

एजुकेशन प्रमोशन सोसाइटी ऑफ इंडिया (ईपीएसआई) ने प्राइवेट मैनेजमेंट इंस्टीट्यूट्स की ओर से एचआरडी मिनिस्ट्री को एक याचिका भी भेजी थी और सरकार से पीजीडीएम इंस्टीट्यूट्स को एमबीए की डिग्री देने की अनुमति देने का अनुरोध किया था। एक प्राइवेट शैक्षिक संस्थान यदि स्टेट विश्वविद्यालय या डीम्ड विश्वविद्यालय बन जाता है तो वह केवल डिग्री प्रदान कर सकता है। सरकार ने उन्हें एमबीए उम्मीदवारों को पोस्ट ग्रेजुएट डिग्री देने के लिए ऑटोनोमी लेने की बजाय इन विकल्पों पर गौर करने को कहा है।

आईआईएम ड्राफ्ट बिल को पहली बार जून 2015 में सार्वजनिक किया गया था। उस समय स्मृति ईरानी एचआरडी मिनिस्टर थीं और आईआईएम ने अपने ऑपरेशन में 'अत्यधिक सरकारी नियंत्रण' का विरोध किया था। आईआईएम, विशेष रूप से आईआईएम-अहमदाबाद ने ड्राफ्ट बिल के दो खंडों का विरोध किया था। इसने कहा कि इसने इंस्टीट्यूट्स को सरकारी विभागों के कारण कम कर दिया तथा अब दो खंडों [3 (के) और 36 (1)] के तहत, आईआईएम को हर निर्णय के लिए सरकार की मंजूरी लेनी होगी, जिसमें फी स्ट्रक्चर, एडमिशन क्राइटेरिया, एकेडमिक डिपार्टमेन्ट, कर्मचारियों की सैलरी आदि सभी शामिल हैं। फिलहाल ये शक्तियाँ आईआईएम के बोर्ड ऑफ गवर्नर्स (बीओजी) के हाथों में निहित हैं।

बिल को तैयार करने के शुरुआती चरणों में चुनौतियों का सामना करना पड़ा लेकिन बाद में बिल में उल्लिखित मांग पर मैनेजमेंट इंस्टीट्यूट के ऑपरेशन में सरकार का हस्तक्षेप कम हो गया है।

क्या 36 वर्षों बाद भारत में लायी गयी नई शिक्षा नीति एमबीए की शिक्षा को भी प्रभावित करेगी?

उल्लेखनीय है कि 36 वर्षों के बाद भारत में नई शिक्षा नीति लायी गयी है और इसे भारतीय संसद द्वारा स्वीकृत किया गया है। लॉ और मेडिकल को छोड़कर अन्य क्षेत्रों के हायर एजुकेशन को भी इस शिक्षा नीति के अंतर्गत शामिल किया है और एमबीए भी इस शिक्षा नीति से भी पूरी तरह से प्रभावित होगा। समस्त उच्च शिक्षा के लिए एक एकल अति महत्त्वपूर्ण व्यापक निकाय के रूप में भारत उच्च शिक्षा आयोग (एचईसीआई) का गठन किया जाएगा।

इसलिए नई शिक्षा नीति के विषय में जानना जरूरी है तभी इस दिशा में सही कदम उठाते हुए सार्थक पहल के साथ समुचित सफलता प्राप्त की जा सकती है। आइये नई शिक्षा नीति पर एक नजर डालते हैं।

नई शिक्षा नीति

नई शिक्षा नीति 2020 (एनईपी) को केंद्रीय मंत्रिमंडल में मंजूरी दे दी गयी है। नई शिक्षा नीति 2020 की घोषणा साथ ही मानव संसाधन प्रबंधन मंत्रालय का नाम बदलकर 'शिक्षा मंत्रालय' कर दिया गया है। नई शिक्षा नीति के अनुसार अब मानव संसाधन विकास मंत्रालय को शिक्षा मंत्रालय कहा जाएगा। यह नई नीति देश में स्कूल और उच्च शिक्षा में परिवर्तनकारी सुधारों का मार्ग प्रशस्त करेगी। नई नीति का उद्देश्य 2030 तक स्कूली शिक्षा में 100% GER (Gross Enrollment Ratio) के साथ पूर्व-विद्यालय से माध्यमिक स्तर तक शिक्षा के सार्वभौमिकरण का लक्ष्य है। इसके तहत स्कूली बच्चों में से 2 करोड़ को मुख्य धारा में वापस लाया जाएगा। 12 साल की स्कूली शिक्षा और 3 साल की आंगनवाड़ी/ प्री-स्कूलिंग के साथ एक नया 5+3+3+4 स्कूली पाठ्यक्रम शुरू किया गया है। इस शिक्षा नीति को 1986 में बनाया गया था और 1992 में संशोधित किया गया था।

नई शिक्षा नीति-2020 के प्रारूप में बहुत-सी बातें ऐसी हैं, जिनकी सिफारिश पूर्व की समितियों द्वारा भी की गई है जैसे प्राथमिक स्तर पर शिक्षण में मातृभाषा को प्राथमिकता देना आदि। इसके साथ ही साथ तीन भाषाओं के फॉर्मूले को नई शिक्षा नीति-2020 के मसौदे में भी प्रमुखता के साथ शामिल किया गया है।

नई शिक्षा नीति-2020 के प्रारूप की पहली सबसे खास बात है शिक्षा का अधिकार कानून के दायरे को व्यापक बनाना। इसमें अबतक प्राथमिक व उच्च प्राथमिक स्तर की शिक्षा को ही शामिल किया जा रहा है जो 6 से 14 वर्ष तक की उम्र वाले बच्चों को शिक्षा का अधिकार कानून के दायरे में लाने की बात करती है। नई शिक्षा नीति के मसौदे के अनुसार चूंकि बच्चों के मस्तिष्क के विकास के लिए प्राथमिक शिक्षा से पूर्व वाली उम्र बेहद महत्त्वपूर्ण है, इसलिए इसका दायरा पूर्व-प्राथमिक शिक्षा से लेकर 12वीं तक की पढ़ाई के लिए लागू होना चाहिए। नर्सरी से 12वीं तक की पढ़ाई को 5+3+3+4 के फॉर्मूले के तहत चार चरणों में बाँटने की बात कही गई है। इस संदर्भ में सुझाव दिया गया है कि पूर्व-प्राथमिक पाठशाला को विद्यालय के कैंपस में ही स्थापित किया जाना चाहिए।

इसकी दूसरी सबसे खास बात है कि राष्ट्रीय शिक्षा आयोग बनाने का सुझाव भी नई शिक्षा नीति के प्रारूप में रखा गया है ताकि शिक्षा को समग्र रूप में पर्यावरण हितैषी व ज्ञानवान समाज बनाने के उद्देश्यों के साथ बदलाव को सुगमता प्रदान की जा सके। इसके साथ ही साथ निजी स्कूलों के साथ पब्लिक जैसा शब्द इस्तेमाल बंद हो, इस दिशा में भी प्रयास करने की बात कही गई है। निजी स्कूलों को भी मदद करने की भी

बात नई शिक्षा नीति के प्रारूप में कही गई है ताकि निजी स्कूल सरकारी विद्यालयों में होने वाले नवाचारी प्रयासों से सीख सकें, हालांकि यह सरकारी स्कूल के विकास की शर्तों पर न हो इस बात का ध्यान रखने की बात कही गई है।

तीसरा सबसे अहम बिंदु है कि नई शिक्षा नीति के प्रारूप में 2015 तक प्राथमिक व इससे उच्च स्तर की कक्षाओं के विद्यार्थियों के लिए बुनियादी साक्षरता व संख्याज्ञान से संबंधित दक्षताओं के विकास का लक्ष्य रखा गया है। इसके लिए पूर्व-प्राथमिक शिक्षा तक पहुंच, शिक्षक-विद्यार्थी अनुपात (पीटीआर) को 30:1 तक रखने का सुझाव भी दिया गया है एवं ऐसा न होने के कारण बच्चों के सीखने पर होने वाले असर को रेखांकित किया गया है। मल्टी लेबल शिक्षण के तरीकों को अपनाने व पौष्टिक नाश्ते व आहार की व्यवस्था का प्रावधान करने की बात भी नई शिक्षा नीति के प्रारूप में है। इसके तहत मिड-डे मील के कार्यक्रम का विस्तार करने की बात कही गई है।

चौथी सबसे खास बात है कि इसमें पहली व दूसरी कक्षा में भाषा व गणित पर काम करने पर जोर देने की बात इसके मसौदे में है। इसके साथ ही चौथी व पाँचवीं के बच्चों के साथ लेखन कौशल पर काम करने पर भी ध्यान देने की बात कही गई है। भाषा सप्ताह, गणित सप्ताह व भाषा मेला व गणित मेला जैसे आयोजन करने की बात भी इस प्रारूप में लिखी गई है।

नई शिक्षा नीति-2020 की पाँचवीं सबसे खास बात है कि इसमें पुस्तकालयों पर विशेष जोर दिया गया है तथा इससे जुड़ी गतिविधियों को कराने पर ध्यान देने की बात कही गई है। इसमें कहानी सुनाने, रंगमंच, समूह में पठन, लेखन व बच्चों के बनाये चित्रों व लिखी हुई सामग्री का डिसप्ले करने पर ध्यान देने की बात कही गई है। स्कूल के साथ-साथ सार्वजनिक पुस्तकालयों को विस्तार देने व पढ़ने और संवाद करने की संस्कृति को प्रोत्साहित करने की बात भी नई शिक्षा नीति-2019 के ड्राफ्ट में कही गई है। इसमें बच्चों को किताब पढ़ने और घर ले जाकर पढ़ने के लिए प्रोत्साहित करने व सप्ताह में एक बार विद्यालय में पढ़ी गई किताब के बारे में अपने अनुभवों को साझा करने का अवसर देने की चर्चा भी है।

आवासीय विद्यालयों में बालिकाओं के लिए नवोदय जैसी व्यवस्था करने का भी सुझाव है। यह इसकी छठीं सबसे गौर करने वाली बात है। इसका उद्देश्य है कि लड़कियों की शिक्षा जारी रहे। इसके लिए उनको भावनात्मक रूप से सुरक्षित वातावरण देने का सुझाव दिया गया है। कस्तूरबा गाँधी बालिका विद्यालय का विस्तार 12वीं तक करने का सुझाव भी इसका महत्त्वपूर्ण पहलू है।

नई शिक्षा नीति की सातवीं सबसे बड़ी विशेषता है रेमेडियल शिक्षण को मुख्य धारा में शामिल करने का सुझाव। इसके तहत 10 सालों की परियोजना का प्रस्ताव किया

गया है। इसमें स्थानीय महिलाओं व स्वयं सेवकों की भागीदारी हासिल करने की बात कही गई है। इसके तहत काम करने वाले अनुदेशक विद्यालय समय से पूर्व व बाद में छात्रों के साथ राष्ट्रीय पाठ्यचर्या की रूपरेखा-2005 रेमेडियल शिक्षण का काम करेंगे। इसके साथ ही साथ लंबे अवकाश वाले दिनों में भी रेमेडियल कक्षाओं के संचालन का सुझाव दिया गया है।

इसकी आठवीं विशेषता है शिक्षकों की सहायता के लिए तकनीकी के इस्तेमाल को प्रोत्साहित करने की बात। इसके लिए कंप्यूटर, लैपटॉप व फोन इत्यादि के जरिए विभिन्न ऐप का इस्तेमाल करके शिक्षण को रोचक बनाने पर जोर दिया गया है। तकनीक को शिक्षकों के विकल्प के रूप में देखने की बजाय सहायक शिक्षण सामग्री के रूप में देखने की बात कही गई है। इसके साथ ही साथ अभिभावकों की भागीदारी और एसएससी की भूमिका को सक्रिय बनाने वाले बिंदु पर भी नई शिक्षा 2020 के मसौदे में फोकस किया गया है।

इसकी नौवीं विशिष्टता है, शिक्षाक्रम में विषयवस्तु का बोझ कम करने का सुझाव ताकि मूलभूत अधिगम और तार्किक चिंतन को और अधिक समृद्ध किया जा सके। इसके लिए 1993 की मानव संसाधन विकास मंत्रालय की यशपाल समिति की रिपोर्ट 'लर्निंग विदाउड बर्डन' और एनसीएफ-2005 की सलाह का उदाहरण भी दिया गया है, "यदि हम अपने स्कूलों में दी जाने वाली शिक्षा को अधिक समग्र, पूर्ण, विश्लेषण और तार्किक चिंतन को बढ़ावा देने वाली बनाना चाहते हैं तो इसकी भारी बोझ बन गयी विषय-वस्तु को घटाना ही होगा।"

इस शिक्षा नीति की दसवीं महत्त्वपूर्ण विशेषता है इसमें प्राथमिक स्तर पर शिक्षा में बहुत सारी मातृभाषाओं को बढ़ावा देते हुए उन्हें शामिल करने और ऐसे भाषा शिक्षकों की उपलब्धता को महत्त्व दिया गया है जो बच्चों के घर की भाषा समझते हों। यह समस्या राष्ट्रीय स्तर पर विभिन्न राज्यों में दिखाई देती है। पहली से पाँचवी तक जहाँ तक संभव हो मातृभाषा का प्रयोग शिक्षण के माध्यम के रूप में किया जाये। जहाँ घर और स्कूल की भाषा अलग-अलग है, वहां दो भाषाओं के इस्तेमाल का सुझाव दिया गया है। बहुभाषिकता को समस्या के बजाय समाधान के रूप में देखने की बात को नई शिक्षा नीति-2020 के मसौदे में प्रमुखता के साथ रेखांकित किया गया है।

संक्षेपत: नई शिक्षा नीति की महत्त्वपूर्ण बातों को बिन्दुवार निम्नांकित रूप में समझा जा सकता है

1. नई शिक्षा नीति में पाँचवी क्लास तक मातृभाषा, स्थानीय या क्षेत्रीय भाषा में पढ़ाई का माध्यम रखने की बात कही गई है। इसे क्लास आठ या उससे आगे भी बढ़ाया जा सकता है।

2. विदेशी भाषाओं की पढ़ाई सेकेंडरी लेवल से होगी। हालांकि नई शिक्षा नीति में यह भी कहा गया है कि किसी भी भाषा को थोपा नहीं जाएगा।

3. साल 2030 तक स्कूली शिक्षा में 100% जीईआर (Gross Enrollment Ratio) के साथ माध्यमिक स्तर तक एजुकेशन फॉर ऑल का लक्ष्य रखा गया है।

4. अभी स्कूल से दूर रह रहे दो करोड़ बच्चों को दोबारा मुख्य धारा में लाया जाएगा। इसके लिए स्कूल के बुनियादी ढांचे का विकास और नवीन शिक्षा केंद्रों की स्थापना की जाएगी।

5. स्कूल पाठ्यक्रम के 10+2 ढांचे की जगह 5+3+3+4 का नया पाठयक्रम संरचना लागू किया जाएगा जो क्रमशः 3-8, 8-11, 11-14, और 14-18 उम्र के बच्चों के लिए है। इसमें अब तक दूर रखे गए 3-6 साल के बच्चों को स्कूली पाठ्यक्रम के तहत लाने का प्रावधान है, जिसे विश्व स्तर पर बच्चे के मानसिक विकास के लिए महत्त्वपूर्ण चरण के रूप में मान्यता दी गई है।

6. नई प्रणाली में प्री-स्कूलिंग के साथ 12 साल की स्कूली शिक्षा और तीन साल की आंगनवाड़ी होगी। इसके तहत छात्रों की शुरुआती स्टेज की पढ़ाई के लिए तीन साल की प्री-प्राइमरी और पहली तथा दूसरी क्लास को रखा गया है।

7. अगले स्टेज में तीसरी, चौथी और पाँचवी क्लास को रखा गया है। इसके बाद मिडिल स्कूल यानी 6-8 कक्षा में सब्जेक्ट का इंट्रोडक्शन कराया जाएगा। सभी छात्र केवल तीसरी, पाँचवीं और आठवीं कक्षा में परीक्षा देंगे। 10वीं और 12वीं की बोर्ड परीक्षा पहले की तरह जारी रहेगी। लेकिन बच्चों के समग्र विकास करने के लक्ष्य को ध्यान में रखते हुए इन्हें नया स्वरूप दिया जाएगा।

8. एक नया राष्ट्रीय आकलन केंद्र परख (समग्र विकास के लिए कार्य-प्रदर्शन आकलन, समीक्षा और ज्ञान का विश्लेषण) एक मानक-निर्धारक निकाय के रूप में स्थापित किया जाएगा।

9. पढ़ने-लिखने और जोड़-घटाव (संख्यात्मक ज्ञान) की बुनियादी योग्यता पर जोर दिया जाएगा।

10. बुनियादी साक्षरता और संख्यात्मक ज्ञान की प्राप्ति को सही ढंग से सीखने के लिए अत्यंत जरूरी एवं पहली आवश्यकता मानते हुए 'एनईपी 2020' में मानव संसाधन विकास मंत्रालय (एमएचआरडी) द्वारा 'बुनियादी साक्षरता और संख्यात्मक ज्ञान पर एक राष्ट्रीय मिशन' की स्थापना किए जाने पर विशेष जोर दिया गया है।

11. एनसीईआरटी 8 वर्ष की आयु तक के बच्चों के लिए प्रारंभिक बचपन देखभाल और शिक्षा (एनसीपीएफईसीसीई) के लिए एक राष्ट्रीय पाठ्यक्रम और शैक्षणिक ढांचा विकसित करेगा।

12. स्कूलों में शैक्षणिक धाराओं, पाठ्येत्तर गतिविधियों और व्यावसायिक शिक्षा के बीच खास अंतर नहीं किया जाएगा।

13. सामाजिक और आर्थिक नजरिए से वंचित समूहों की शिक्षा पर विशेष जोर दिया जाएगा।

14. शिक्षकों के लिए राष्ट्रीय प्रोफेशनल मानक (एनपीएसटी) राष्ट्रीय अध्यापक शिक्षा परिषद द्वारा वर्ष 2022 तक विकसित किया जाएगा, जिसके लिए एनसीईआरटी, एससीईआरटी, शिक्षकों और सभी स्तरों एवं क्षेत्रों के विशेषज्ञ संगठनों के साथ परामर्श किया जाएगा।

15. मानव संसाधन विकास मंत्रालय का नाम बदल कर शिक्षा मंत्रालय कर दिया गया है।

16. छठी क्लास से वोकेशनल कोर्स शुरू किए जाएंगे। इसके लिए इसके इच्छुक छात्रों को छठी क्लास के बाद से ही इंटर्नशिप करवाई जाएगी। इसके अलावा म्यूजिक और आर्ट्स को बढ़ावा दिया जाएगा। इन्हें पाठयक्रम में लागू किया जाएगा।

17. उच्च शिक्षा के लिए एक सिंगल रेगुलेटर रहेगा। लॉ और मेडिकल शिक्षा को छोड़कर समस्त उच्च शिक्षा के लिए एक एकल अति महत्त्वपूर्ण व्यापक निकाय के रूप में भारत उच्च शिक्षा आयोग (एचईसीआई) का गठन किया जाएगा।

18. एचईसीआई के चार स्वतंत्र वर्टिकल होंगे- विनियमन के लिए राष्ट्रीय उच्चतर शिक्षा नियमकीय परिषद् (एनएचईआरसी), मानक निर्धारण के लिए सामान्य शिक्षा परिषद (जीईसी), वित पोषण के लिए उच्चतर शिक्षा अनुदान परिषद् (एचईजीसी) और प्रत्यायन के लिए राष्ट्रीय प्रत्यायन परिषद् (एनएसी)।

19. उच्च शिक्षा में 3.5 करोड़ नई सीटें जोड़ी जाएंगी।

20. ई-पाठ्यक्रम क्षेत्रीय भाषाओं में विकसित किए जाएंगे। वर्चुअल-लैब विकसित की जा रही है और एक राष्ट्रीय शैक्षिक टेक्नोलॉजी फोरम (NETF) बनाया जा रहा है।

21. निजी उच्च शिक्षण संस्थानों को अपने यहां छात्रों को बड़ी संख्या में मुफ्त शिक्षा और छात्रवृत्तियों की पेशकश करने के लिए प्रोत्साहित किया जाएगा।

22. छात्रवृत्ति प्राप्त करने वाले छात्रों की प्रगति को समर्थन प्रदान करना, उसे बढ़ावा देना और उनकी प्रगति को ट्रैक करने के लिए राष्ट्रीय छात्रवृत्ति पोर्टल का विस्तार किया जाएगा।
23. एससी, एसटी, ओबीसी और अन्य विशिष्ट श्रेणियों से जुड़े हुए छात्रों की योग्यता को प्रोत्साहित करने का प्रयास किया जाएगा।
24. नई शिक्षा नीति में छात्रों को ये आज़ादी भी होगी कि अगर वो कोई कोर्स बीच में छोड़कर दूसरे कोर्स में दाख़िला लेना चाहें तो वो पहले कोर्स से एक खास निश्चित समय तक ब्रेक ले सकते हैं और दूसरा कोर्स ज्वाइन कर सकते हैं।

पहली बार मल्टीपल एंट्री और एग्जिट सिस्टम लागू किया गया है। आप इसे ऐसे समझ सकते हैं। आज की व्यवस्था में अगर चार साल इंजीनियरिंग पढ़ने या छह सेमेस्टर पढ़ने के बाद किसी कारणवश आगे नहीं पढ़ पाते हैं तो आपके पास कोई उपाय नहीं होता, लेकिन मल्टीपल एंट्री और एग्जिट सिस्टम में एक साल के बाद सर्टिफिकेट, दो साल के बाद डिप्लोमा और तीन-चार साल के बाद डिग्री मिल जाएगी। इससे उन छात्रों को बहुत फायदा होगा जिनकी पढ़ाई बीच में किसी वजह से छूट जाती है।

उच्च शिक्षा में कई बदलावः

जो छात्र रिसर्च करना चाहते हैं उनके लिए चार साल का डिग्री प्रोग्राम होगा। जो लोग नौकरी में जाना चाहते हैं वो तीन साल का ही डिग्री प्रोग्राम करेंगे। लेकिन जो रिसर्च में जाना चाहते हैं वो एक साल के एमए (MA) के साथ चार साल के डिग्री प्रोग्राम के बाद सीधे पीएचडी (PhD) कर सकते हैं. उन्हें एमफिल (M-Phil) की जरूरत नहीं होगी।

शोध करने के लिए और पूरी उच्च शिक्षा में एक मजबूत अनुसंधान संस्कृति तथा अनुसंधान क्षमता को बढ़ावा देने के लिए एक शीर्ष निकाय के रूप में नेशनल रिसर्च फाउंडेशन (एनआरएफ) की स्थापना की जाएगी। एनआरएफ का मुख्य उद्देश्य विश्वविद्यालयों के माध्यम से शोध की संस्कृति को सक्षम बनाना होगा। एनआरएफ स्वतंत्र रूप से सरकार द्वारा, एक बोर्ड ऑफ गवर्नर्स द्वारा शासित होगा।

ऑनलाइन शिक्षा को बढ़ावाः

हाल ही में, महामारी और वैश्विक महामारी में वृद्धि होने के परिणामस्वरूप ऑनलाइन शिक्षा को बढ़ावा देने के लिए सिफारिशों के एक व्यापक सेट को कवर किया गया है,

जिससे जब कभी और जहां भी पारंपरिक और व्यक्तिगत शिक्षा प्राप्त करने का साधन उपलब्ध होना संभव नहीं हैं, गुणवत्तापूर्ण शिक्षा के वैकल्पिक साधनों की तैयारियों को सुनिश्चित करने के लिए, स्कूल और उच्च शिक्षा दोनों को ई-शिक्षा की जरूरतों को पूरा करने के लिए एमएचआरडी में डिजिटल अवसंरचना, डिजिटल कंटेंट और क्षमता निर्माण के उद्देश्य से एक समर्पित इकाई बनाई जाएगी।

सभी भारतीय भाषाओं के लिए संरक्षण, विकास और उन्हें जीवंत बनाने के लिए नई शिक्षा नीति में पाली, फारसी और प्राकृत भाषाओं के लिए एक इंडियन इंस्टीट्यूट ऑफ ट्रांसलेशन एंड इंटरप्रिटेशन (आईआईटीआई), राष्ट्रीय संस्थान की स्थापना करने, उच्च शिक्षण संस्थानों में संस्कृत और सभी भाषा विभागों को मजबूत करने और ज्यादा से ज्यादा उच्च शिक्षण संस्थानों के कार्यक्रमों में, शिक्षा के माध्यम के रूप में मातृभाषा/स्थानीय भाषा का उपयोग करने की सिफारिश की गई है।

इस नीति का लक्ष्य "भारत को वैश्विक ज्ञान महाशक्ति" बनाना है। 2040 तक, सभी उच्च शिक्षा संस्थान (HEI) का उद्देश्य बहु-विषयक संस्थान बनना होगा, जिनमें से प्रत्येक का लक्ष्य 3,000 या अधिक छात्र होंगे।

इसके अतिरिक्त उच्च शिक्षा तथा फैकल्टी से जुड़े कुछ विशेष प्रावधान भी इस नई शिक्षा नीति के अंतर्गत किये गए हैं।

इस राष्ट्रीय शिक्षा नीति में डिग्री कॉलेज समेत देश भर के उच्च शिक्षण संस्थानों की फैकल्टी को सशक्त करने के लिए कई नए प्रावधान किए गए हैं। नई शिक्षा नीति के आने के बाद अब एक कॉलेज से दूसरे कॉलेज में होने वाले ट्रांसफर खत्म हो जाएंगे। एक ही संस्थान में रखते हुए संकाय सदस्यों के काम की जिम्मेदारी तय होगी लेकिन उन्हें ज्यादा अधिकार और स्वतंत्रता दी जाएगी। तरक्की की बाधाएं खत्म करते हुए फास्ट ट्रैक प्रमोशन सिस्टम को भी लागू किया जाएगा।

इस शिक्षा नीति में यह भी कहा गया है कि उच्च शिक्षण संस्थानों की सफलता का सबसे महत्त्वपूर्ण कारक वहां कार्यरत संकाय सदस्यों की गुणवत्ता और संलग्नता ही होती है। संकायों की इस महत्त्वपूर्ण भूमिका को ध्यान में रखते हुए कुछ महत्त्वपूर्ण कदम उठाए गए हैं। ये उनकी भर्ती, सेवाकाल और उनका न्याय संगत प्रतिनिधित्व सुनिश्चित करने से जुड़े हैं।

नई शिक्षा नीति के अनुसार संकायों के वेतन भत्ते के स्तर में भी वृद्धि की गई है। अकादमिक पेशे की प्रतिष्ठा में विभिन्न सुधारों को प्रेरित करने वाले संकाय सदस्यों की अच्छी संख्या की मौजूदगी के बाद भी उच्च शिक्षण संस्थानों में शिक्षण प्रदर्शन और अनुसंधान उनके सेवा काल औसत से बहुत कम हैं। इन सभी कमियों को दूर

करने के लिए शिक्षा नीति में उच्च शिक्षण संस्थानों से जुड़े फैकल्टी के लिए कुछ खास कदम उठाए गए हैं।

अब फैकल्टी का स्थानान्तरण नहीं किया जायेगा

नई शिक्षा नीति के बिंदु 13.3 में यह प्रावधान किया गया है कि शिक्षण का ज्यादा बोझ न रहे। छात्र और शिक्षक अनुपात भी ज्यादा नहीं होगा, जिससे शिक्षण प्रणाली में छात्रों को चर्चा, शोध और अन्य गतिविधियों के लिए पर्याप्त समय मिल सकेगा। इसके लिए हर संकाय सदस्य की नियुक्ति एकल संस्थान में ही की जाएगी और अलग-अलग संस्थानों में इनका सामान्यतः स्थानान्तरण नहीं किया जाएगा। इससे वे अपने संस्थान और वहां के लोगों के प्रति सही मायने में तत्पर, संलग्न और प्रतिबद्ध महसूस कर पाएंगे।

फैकल्टी अपना कोर्स स्वतः डिजाइन कर सकेंगे

नई शिक्षा नीति के बिंदु 13.4 में ये प्रावधान किया गया है कि फैकल्टी को अपना खुद का पाठ्यक्रम और शिक्षण पद्धति तय करने की आज़ादी होगी। किताबों का चयन, रीडिंग मटिरियल का चयन, असाइनमेंट और असेसमेंट पर भी वह खुद निर्णय ले सकेंगे। रचनात्मक शिक्षण, शोध और बेहतर काम के लिए उन्हें प्रेरित करने और इस दिशा में सशक्त करने के उद्देश्य से ये कदम उठाए गए हैं।

फैकल्टी के चयन की प्रक्रिया के नए नियम बनेंगे

उत्कृष्टता को बढ़ावा देने के लिए ज्यादा से ज्यादा ऑटोनॉमस (स्वायत्त) संस्थान तैयार करने पर सरकार का जोर है और ये आने वाले समय में बहुत तेजी से बढ़ेगा। संस्थानों में फैकल्टी की भर्ती के लिए प्रक्रियाएं और नियम स्पष्ट रूप से परिभाषित करते हुए बेहद स्वतंत्र और पारदर्शी बनाए जाएंगे। वर्तमान नियुक्ति प्रक्रिया जारी रहेंगी लेकिन उत्कृष्टता को सुनिश्चित करने के लिए कार्यकाल ट्रैक प्रणाली (टन्यार ट्रैक) यानी उपयुक्त प्रोबेशन अवधि को जोड़ दिया जाएगा।

फास्ट ट्रैक प्रमोशन सिस्टम का प्रावधान

अब प्रमोशन सालों तक नहीं अटके रहेंगे। प्रभावी अनुसंधान और फैकल्टी सदस्यों के योगदान को मान्यता प्रदान करने के लिए फास्ट ट्रैक प्रमोशन सिस्टम सुनिश्चित किया जाएगा। इसमें कार्यों का मूल्यांकन, प्रोबेशन के बाद स्थाई नियुक्ति, प्रमोशन, वेतन में बढ़ोतरी, मान्यता, सहकर्मी द्वारा समीक्षा, छात्र समीक्षा, शिक्षण और शिक्षण शास्त्र में

नवाचार, शोध की गुणवत्ता और प्रभाव, व्यवसायिक विकास से जुड़ी गतिविधियां और संस्थान तथा समाज से संबंधित कार्य के उचित आकलन के लिए मापदंडों को शामिल करते हुए इस व्यवस्था को लागू किया जाएगा।

सभी संस्थानों को अपनी संस्थागत विकास योजना (इंस्टीट्यूशनल डेवलपमेंट प्लान) को इस व्यवस्था से जोड़ना अनिवार्य होगा। नई शिक्षा नीति के बिंदु 13.6 में यह प्रावधान किया गया है।

ऊपर लिखे गए एमबीए के विषय में समस्त तथ्यों पर विचार करने पर एक सवाल सहज ही मन में उठता है कि आखिर एमबीए ही क्यों? यह सवाल हर उस छात्र के दिमाग में आता है, जो उच्च शिक्षा की इच्छा रखते हैं। इसमें कोई संदेह नहीं कि किसी प्रमुख बी–स्कूल से एमबीए करना निश्चित तौर पर व्यक्ति के करियर को सफलता की ऊँचाइयों तक ले जाता है। लेकिन यदि उम्मीदवार अपने एमबीए करने के मुख्य उद्देश्य से परिचित नहीं हैं और सिर्फ पैसा कमाने तथा कॉर्पोरेट जगत में अपनी एक हस्ती बनाने की इच्छा से इस क्षेत्र में आगे बढ़ना चाहते हैं, तो ध्यान रखिये बहुत लम्बे समय तक यह आपकी मदद नहीं कर पायेगा। इसकी मुख्य वजह ये है कि आप अभी भी अपने एमबीए करने की मुख्य वजह को नहीं पहचान पाए हैं।

मान लीजिए आप मार्केटिंग एग्जीक्यूटिव के रूप में कार्यरत हैं और इसके तहत आप कस्टमर सर्विस, केम्पेन मैनेजमेंट और ट्रेवलिंग जैसे कार्य पहले से ही अधिक निपुणता के साथ कर रहे हैं, तो क्या ऐसे में आपके लिए एमबीए करना जरूरी है? अब यह आपके इस बात पर निर्भर करता है कि आपने अपने लिए भविष्य में कैसे लक्ष्य निधारित किये हैं ? यदि आपका एकमात्र लक्ष्य सिर्फ पैसा कमाना है तो नि:संदेह आपको एमबीए करने की जरूरत नहीं है।

लेकिन अगर आप अपने जीवन में कुछ रोमांचक परिवर्तन का अनुभव करने तथा अपने ज्ञान में वृद्धि के लिए उत्सुक हैं तो अवश्य ही आपको एमबीए करने पर विचार करना चाहिए।

एमबीए क्यों करना चाहिए? इसके कुछ अति महत्त्वपूर्ण और सार्थक कारण नीचे दिए गए हैं–

करियर में उन्नति के लिए

सामान्यत: सबके करियर की शुरुआत आमतौर पर मैनेजर या एग्जीक्यूटिव के रोल से होती है और अपने काम के प्रति निष्ठा और ईमानदारी पूर्वक अपने कार्य को करते हुए निर्धारित लक्ष्य को प्राप्त कर लोग प्रोन्नति और प्रतिष्ठा पाते हैं। ध्यान रखिये एक

अच्छा एकेडमिक रिकॉर्ड और पर्याप्त अनुभव ही कॉर्पोरेट जगत में आगे बढ़ने के लिए काफी नहीं होता और एक प्वाइंट पर आकर आप रुक जाते हैं। इस समय व्यक्ति को इंडस्ट्री के डिमांड को पूरा करने और मिडिल लेवल पोस्ट से सीनियर लेवल पोस्ट(जहाँ आप संगठन के लिए कोई भी रणनीतिक निर्णय ले सकते हैं) तक पहुँचने के लिए एमबीए करना जरूरी हो जाता है।

करियर में चेंज अर्थात कुछ नया करने के लिए

कभी-कभी जीवन में एक ऐसा मोड़ आता है जहाँ हम अपने करियर की राह को बदलना चाहते हैं और अपने अनुभव तथा शैक्षणिक योग्यताओं के आधार पर कोई अन्य भूमिका निभाना चाहते हैं। अब उस समय संभवत: आपके पास इसके लिए बहुत कम संभावनाएं रहती हैं। उदाहरण के लिए आप पिछले तीन साल से एक डेटा विश्लेषक के रूप में कार्य कर रहे हैं और अब मार्केटिंग के क्षेत्र में जाना चाहते हैं। अब इस समय किसी शॉर्ट टर्म कोर्स के बनिस्पत मार्केटिंग में एमबीए करना ज्यादा लाभदायी होगा। इससे आपकी मार्केटिंग की समझ बेहतर होगी तथा इसके अंतर्गत निभाई जाने वाली विभिन्न भूमिकाओं की गहराई से अंतर्दृष्टि भी प्राप्त होगी।

अपने व्यक्तित्व के सम्पूर्ण विकास 'सेल्फ डेवेलपमेंट' के लिए

जीवन में सबसे महत्त्वपूर्ण चीज है अपने व्यक्तित्व का पूर्ण विकास। वस्तुत: किसी भी मैनेजमेंट इंस्टीट्यूट से किया जाने वाला एमबीए जीवन की दिशा और उस दिशा में सही तरीके से कार्य करने की सीख के साथ-साथ एक आत्मविश्वास पैदा करता है। एमबीए की डिग्री जीवन में आगे बढ़ने की अंतर्दृष्टि प्रदान करती है जिससे आप अपने वास्तविक जूनून को जान पाते हैं।

स्टूडेंट्स एक्टिविटी के अतिरिक्त फैकल्टी मेम्बर्स से इंटरैक्शन, क्लास रूम एक्सपीरियंस तथा रोज़ा रुटीन आदि जीवन को बेहतर तरीके से देखने का दृष्टिकोण विकसित करते हैं और इससे आप भविष्य में अपने किसी भी समस्या को सुलझाने की योग्यता और क्षमता अपने अन्दर विकसित करते हैं।

अब एक सवाल और है कि आखिर क्यों बढ़ती ही जा रही है एमबीए की मांग

जीएमएसी द्वारा किए गए एक सर्वे में 3 प्रमुख कारण उभरकर सामने आए हैं, जिनके चलते लोग अन्य प्रोफेशनल डिग्रियों के मुकाबले एमबीए करना अधिक पसंद करते हैं। यदि आप भी एमबीए की डिग्री लेने को लेकर असमंजस में हैं, तो इस सर्वे के नतीजे शायद आपको अपना निर्णय लेने में मदद करें। तो आइये, एक नजर डालते हैं उन लाभों पर, जो एमबीए डिग्री आपको दे सकती है। इनमें से कुछ हैं जैसे जॉब के अधिक अवसर, मैनेजेरियल पोजिशन, अंतर्राष्ट्रीय अवसर, नेटवर्किंग के अवसर, एंटरप्रेन्यल स्किल्स का विकास आदि।

इसके प्रमुख कारणों का वर्णन नीचे किया गया है–

1. करियर में तरक्की

सर्वे के मुताबिक 34 प्रतिशत लोग करियर में तरक्की के लिए एमबीए करते हैं। यहां 'करियर में तरक्की' से अभिप्राय है प्रमोशन, सामाजिक रुतबा, टेक्निकल विशेषज्ञता हासिल करना। एमबीए करने से उम्मीदवारों को जो विशेष चीजें मिलती हैं वो हैं:

- बेहतर केएसए (नॉलेज, स्किल्स और एबिलिटी)।
- करियर ग्रोथ की गति बढ़ाने का अवसर।
- मैनेजेरियल स्किल्स को विकसित करने का मौका।
- कार्य क्षमता तथा प्रभावकारिता में सुधार लाने का सही मार्ग दर्शन।
- टेक्निकल स्किल्स को विकसित करने का उपयुक्त मंच।
- अंतर्राष्ट्रीय एक्सपोजर पाने का सुनहरा अवसर।

इन लाभों को देखते हुए, बड़ी संख्या में प्रोफेशनल्स एमबीए डिग्री के द्वारा अपने करियर को सही आकार देना पसंद करने लगे हैं।

2. करियर स्विचिंग

सर्वे में यह भी पाया गया कि 38 प्रतिशत लोग करियर स्विचिंग के लिए एमबीए करते हैं। यानी किसी क्षेत्र में जॉब कर रहे लोग किसी अन्य क्षेत्र में नए और बेहतर अवसर पाने के उद्देश्य से भी एमबीए की डिग्री लेना चाहते हैं। मैनेजमेंट की डिग्री के जरिए उनके लिए बेहतर करियर की राह खुलती है। यही नहीं, मैनेजमेंट एजुकेशन पाकर वे इस बात को बेहतर तरीके से समझ सकते हैं कि कौन–सी इंडस्ट्री उनके व्यक्तित्व तथा रुचियों के ज्यादा अनुकूल है। करियर बदलने की चाह के पीछे कई कारण हो सकते हैं, जैसे:

- वर्तमान जॉब में एकरसता।
- जॉब प्रोफाइल और व्यक्तित्व में मेल नहीं।
- लक्ष्य पाने के लिए दृष्टि का अभाव।
- जिस इंडस्ट्री/क्षेत्र में जॉब कर रहे हैं, वहां विकास की सीमित संभावनाएं।

इन कारणों के चलते लोग ऐसा कोर्स करना चाहते हैं, जिससे उन्हें प्रोफेशनल डिग्री तो मिले ही, एक स्पेशलाइजेशन करने का मौका भी मिले। आजकल एमबीए इसलिए भी लोकप्रिय हो रहा है कि इसमें विशेषज्ञता पाने के लिए काफी विविध विषय मौजूद हैं।

3. एंटरप्रेन्योरियल स्किल्स पाने का मौका

सर्वे के अनुरूप 28 प्रतिशत लोग एंटरप्रेन्योर बनने के उद्देश्य से एमबीए डिग्री लेते हैं। मैनेजमेंट एजुकेशन में प्रोफेशनल डिग्री उन्हें वे स्किल्स प्रदान कर सकती है, जो एंटरप्रेन्योर के तौर पर उनके करियर के विकास में मददगार होंगी। एमबीए करने से उनकी निर्णय लेने की स्किल भी बेहतर हो सकती है।

इस सर्वे की सबसे दिलचस्प बात यह थी कि इसमें 3 पीढ़ियों को शामिल किया गया था। ये हैं मिलेनियल (1981 से 1998 के बीच जन्मे लोग), जेन एक्स (1965 से 1980 के बीच जन्मे लोग) तथा बेबी बूमर्स (1948 से 1964 के बीच जन्मे लोग)। इस समय एमबीए ग्रेजुएट्स मिलेनियल जनरेशन के हैं। मगर जेन एक्स तथा बेबी बूमर्स जनरेशन के लोग भी एमबीए करते पाए जाते हैं। इसलिए यह जानना भी जरूरी था कि वे क्यों एमबीए करना चाहते हैं। यदि आप भी एमबीए की डिग्री लेने को लेकर असमंजस में हैं, तो इस सर्वे के नतीजे शायद आपको अपना निर्णय लेने में बहुत मदद करें और आप आगे चलकर यह सोचकर खुशी और गर्व महसूस करें कि सही समय पर एमबीए करने का

आपका निर्णय वास्तव में आपके जीवन का एक टर्निंग प्वाइंट साबित हुआ।

भविष्य में आपके आशातीत सफलता और कामयाबी प्राप्त करने की कामना के साथ बेहतर भविष्य के लिए शुभकामनायें।

❑

टिप्पणी:-